MENSAJES PARA LOS SIERVOS DE DIOS

CASA BAUTISTA DE PUBLICACIONES

Apartado 4255, El Paso, Tx. 79914 EE. UU. de A.

Agencias de Distribución

ARGENTINA: Rivadavia 3464, 1203 Buenos Aires
BELICE: Box 952, Belice
BRASIL: Rua Silva Vale 781, Río de Janeiro
BOLIVIA: Casilla 2516, Santa Cruz
COLOMBIA: Apartado Aéreo 55294, Bogotá 2 D. E.
COSTA RICA: Apartado 285, San Pedro
CHILE: Casilla 1253, Santiago
ECUADOR: Casilla 3236, Guayaquil
EL SALVADOR: 10 Calle Pte. 124, San Salvador
ESPAÑA: Arimón 42, 08022, Barcelona
ESTADOS UNIDOS: Broadman: 127 Ninth Ave.,
    Nashville, Tenn., 37234
GUATEMALA: 12 Calle 9-54, Zona 1,
    01001 Guatemala
HONDURAS: 4 Calle 9 Avenida, Tegucigalpa
MEXICO: José Rivera No. 145-1
    Col. Moctezuma 1ª Sección
    15500, México, D. F.
    Vizcaínas 16 Ote.
    México, D. F. 06080
    Matamoros 344 Pte.
    Torreón, Coahuila, México
NICARAGUA: Apartado 5776, Managua
PANAMA: Apartado 5363, Panamá 5
PARAGUAY: Pettirossi 595, Asunción
PERU: Apartado 3177, Lima
REPUBLICA DOMINICANA: Apartado 880, Santo Domingo
URUGUAY: Casilla 14052, Montevideo
VENEZUELA: Apartado 152, Valencia 2001-A

Primera edición: 1990

Clasificación decimal Dewey: 242.689
Tema: Ministros, meditaciones

ISBN 0-311-43041-4
C.B.P. Art. No. 43041

5 M 3 90

MENSAJES PARA LOS SIERVOS DE DIOS

Warren y David Wiersbe

Traducción
José Luis y Violeta Martínez

CASA BAUTISTA DE PUBLICACIONES

Indice

Introducción

A veces oímos decir: "Me han pedido que prepare un devocional para la reunión de líderes, o para el retiro de pastores, y ¡no sé qué decirles!"

Confiamos en que los mensajes que contiene este libro le ayuden a resolver esa dificultad. Fueron preparados con la intención de alentar a aquellos que están laborando en la obra del Señor, y son apropiados para usarlos en reuniones de líderes de la iglesia o de organizaciones cristianas.

Usted puede usar, sin duda, estos mensajes para su enriquecimiento personal. Puede dedicar tiempo a meditar en ellos, asimilarlos, y posteriormente compartirlos con otros en sus propias palabras. También puede usarlos como lectura devocional introductoria a una reunión de líderes o de comité, si es que considera que esa es la mejor forma de comunicar y sacar provecho del mensaje bíblico.

En cualquier caso, es nuestra oración que estos mensajes le ayuden en su propia vida espiritual y, por medio de usted, sirvan para la prosperidad del trabajo cristiano en el que está involucrado. Estos mensajes han sido usados con bendición en el contexto de la iglesia local, y los ofrecemos a todos con la oración de que Cristo sea glorificado y su iglesia edificada.

David W. Wiersbe
Warren W. Wiersbe

1

La clase de líderes
que Dios necesita
Exodo 18:13-26

Moisés era un hombre muy dotado, no obstante, fue incapaz de cumplir con todos los deberes del liderazgo que le salían al paso cada día. Sabemos que era un hombre educado (Hech. 7:22) y dedicado completamente a Dios, pero aun así no pudo llevar a cabo todo lo que el pueblo esperaba de él. Moisés precisaba ayuda y la recibió en la forma de hombres asignados para cooperar con él en la tarea encomendada. Dios no resolvió los problemas de Moisés realizando milagros. Lo hizo proporcionándole asociados que le ayudaran a llevar la carga.

Si bien es cierto que la iglesia es un "organismo", también es verdad que un organismo debe estar organizado o, de lo contrario, morirá. Por esta razón Pablo recomienda: "Hágase todo decentemente y con orden" (1 Cor. 14:40). Pero si el cuidar de la organización de la iglesia viene a ser más importante que el ministerio en sí, caemos en el institucionalismo y nos metemos en problemas. Si no nos olvidamos que la organización es sólo un medio para llevar a cabo la obra de Dios, el Señor la bendecirá.

¿Qué clase de colaboradores dio Dios a Moisés para compartir el trabajo del Señor y ayudarle a llevar la carga? Su descripción está en el versículo 21 del pasaje seleccionado.

Empecemos diciendo que eran personas normales y corrientes, llamadas por Dios para que la tarea se hiciera. Sin duda que Dios pudo haber enviado ángeles, pero decidió escoger personas comunes para esta importante labor. Estos asociados tenían sus debilidades y faltas, y quizá hubo momentos en los que Moisés estuvo en desacuerdo con ellos. La vida es siempre así. Tenemos que aprender a aceptarnos el uno al otro como individuos, amarnos y trabajar juntos para lograr que la obra se lleve a cabo y tratar seriamente nuestros mutuos intereses.

¿Ha pensado alguna vez en los problemas que los apóstoles de nuestro Señor debieron tener al trabajar juntos? Simón era un zelote antes que Jesús le llamara a seguirle, lo que quiere decir que era una especie de guerrillero-terrorista dispuesto a destruir el poder de Roma. Mateo, por el contrario, había sido un recolector de impuestos ¡al servicio de los odiados romanos! Santiago y Juan tenían un temperamento tan presto a estallar que Jesús los llamó "hijos del trueno" (Mar. 3:17), y Pedro no era precisamente un tímido. Los apóstoles eran hombres comunes, cada uno de ellos diferente; con todo, Jesús fue capaz de unirlos y lograr que su misión se cumpliera.

Estos colaboradores eran también "capaces"; personas que sabían lo que había que hacer y tenían el potencial para hacerlo bien. Ninguna cantidad de sinceridad o dedicación puede compensar la falta de habilidad de una persona. Es trágico cuando una iglesia no es sensible a este hecho y da a sus miembros tareas que no pueden llevar a cabo. Cada uno de nosotros tiene ciertas habilidades y dones espirituales, y debemos de servir en aquellos lugares donde estos talentos pueden rendir más.

También eran "temerosos de Dios". Moisés no habría podido vigilar el trabajo de cada uno de ellos o prestar atención al consejo que cada uno daba, pero Dios sí estaría vigilando y escuchando. Cuando los siervos de Dios temen verdaderamente a Dios, no van a tener temor de nada. Van a tomar decisiones que agradan a Dios, aunque tales decisiones no sean populares. No es fácil estar en una posición de autoridad y de servicio, pero podemos hacerlo aún más difícil olvidándonos del temor del Señor.

El temor del Señor significa también adorarle. Es muy importante que aquellos que dirigen el trabajo del Señor dediquen tiempo a estar diariamente en su presencia. Una vida devocional diaria —leer la Palabra, orar, buscar el rostro de Dios— es esencial para alcanzar la bendición de Dios en el liderazgo espiritual.

Otra cualidad importante que estos colaboradores poseían es que eran "varones de verdad". Decían la verdad y aborrecían la mentira. Los lazos espirituales que mantienen la iglesia unida son la verdad y el amor, ". . . siguiendo la verdad en amor" (Ef. 4:15). Se ha dicho con razón que amor sin sinceridad es hipocresía, y la verdad sin amor es brutalidad. No podemos permitir la hipocresía ni la brutalidad en nuestra iglesia. Algunas veces la verdad hiere, pero si hablamos la verdad en amor, aplicamos la medicina espiritual que ayuda a curar las heridas que hayamos infligido.

La característica final indicada es que "aborrecían la avaricia". Dado que estos ayudantes de Moisés servirían en algunos casos como jueces civiles, podían ser tentados con el soborno, y tenían que aprender a decir no. Es probable que hoy no se ofrezcan sobornos a los líderes de la iglesia, pero una persona puede ser codiciosa de otras cosas que no sean dinero, tales como, popularidad, aprobación de ciertos grupos, reconocimientos e incluso poder y autoridad.

Este aspecto de la codicia puede afectarnos también en nuestra mayordomía personal. Un líder de iglesia debe ser generoso en el dar, porque debemos establecer el ejemplo. No tenemos el derecho de administrar las ofrendas dadas con sacrificio por otras personas si nosotros no somos dadores alegres. Dios examina nuestro corazón y ve lo que hay en él.

Ningún líder de iglesia es perfecto, pero cada uno debe procurar llegar a ser lo mejor que pueda. ¿Nos habría elegido Dios a nosotros como líderes si hubiéramos vivido en los días de Moisés? Confío en que sí.

2

Langostas y vencedores de gigantes
Números 13—14

La decisión de enviar doce espías a Canaán fue idea de Dios (13:2). Moisés, como instrumento de Dios, sólo ejecutó el plan. Los doce volvieron hablando con entusiasmo acerca de la tierra y de sus productos, pero, debido a que la mayoría volvió también atemorizada, el pueblo de Israel no entró en la tierra prometida por otros cuarenta años.

Dios quería que tomaran posesión de la tierra y disfrutaran de sus bendiciones. Todo lo que el pueblo tenía que hacer era confiar en Dios, pero ellos eran escépticos. Nosotros somos también así hoy en lo que se refiere a la obra del Señor. Y si de verdad queremos llevar a cabo la tarea encomendada a la manera de Dios, tenemos que hacerlo con fe. El fracaso del pueblo de Dios de entrar en Canaán nos enseña algunas verdades importantes acerca de la naturaleza de la fe.

La fe empieza con visión. Necesitamos tener idea de lo que el Señor quiere que hagamos y de lo que Dios puede alcanzar por medio de nuestros esfuerzos. Los espías fueron a explorar la tierra y encontraron que era exactamente como Dios les había dicho (13:27). Era una tierra hermosa y fructífera, un lugar agradable para vivir, especialmente después de vivir en el desierto. Pero algo sucedió que oscureció la visión de lo que podía ser.

Diez de los espías estaban muy impresionados con todas las

dificultades que la nación podría enfrentar si decidían entrar a poseer la tierra. La gente de Canaán era fuerte, las ciudades estaban fortificadas y había gigantes, descendientes de Anac (13:28). Eran hombres prácticos, de manera que no podían pasar por alto estas realidades. Su problema fue que permitieron a los obstáculos crecer tanto en sus mentes que Dios fue eclipsado. Perdieron la visión.

Josué y Caleb actuaron sobre el principio de que Dios es mayor que las circunstancias (13:30; 14:30). Aunque fueron lo suficientemente realistas como para tener en cuenta a los ejércitos enemigos y a los gigantes, sabían que Dios quería que vivieran en aquella tierra, y creyeron que Dios estaba con ellos. Vieron el potencial de vivir en una tierra que fluía leche y miel. También reconocieron que la oportunidad la tenían *ahora*. Josué y Caleb conservaban la visión y creían que Dios podía hacerla realidad.

La visión inspira valor. Los diez espías que sólo vieron los obstáculos se acobardaron. Convencieron al pueblo de que el enemigo era demasiado fuerte para ellos (13:31-33). Se vieron a sí mismos como "langostas" (v. 33). Tenían muy poca confianza en ellos mismos, o ¡en Dios! De manera que rehusaron intentar seguir a Dios.

Josué y Caleb procuraron convencer al pueblo de que siguieran a Dios y tomaran la tierra (14:6-9). Su razonamiento básico era "con nosotros está Jehová" (v. 9). Su fe les daba el valor de enfrentarse al enemigo y sacrificarse. La fe verdadera entraña aceptar riesgos al seguir a Dios. Los demás trataron de apedrearlos (v. 10), lo cual nos ilustra el principio de que cuando los líderes buscan seguir a Dios, generalmente se van a encontrar con algo de oposición.

El valor lleva a la acción. Dios había dado a su pueblo una visión y esperaba que actuaran de acuerdo con ella. Dios podía, sin duda alguna, haber destruido él mismo a todos los enemigos de Israel, y haber metido al pueblo en la Tierra Prometida sirviéndosela en bandeja. Pero Dios opera *a través de* nosotros, de manera que podamos aprender y madurar. El Señor espera la obediencia de su pueblo.

Ellos rehusaron hacerlo. Los diez espías hicieron un buen trabajo convenciendo al pueblo de que semejante aventura era una insensatez. Perdieron la oportunidad que tuvieron de entrar en la tierra prometida. Los diez murieron de una plaga (14:37), y todos los demás perecieron en el desierto, excepto Josué y Caleb que vivieron para ver la conquista de Canaán (v. 30). Si no actuamos en la dirección que Dios nos da, perdemos la bendición y quizá tengamos que soportar la corrección.

Dios honró a Caleb y Josué por su fidelidad y obediencia. Josué capitaneó la conquista de Canaán y Caleb capturó el Monte Horeb cuando tenía ochenta años (Jos. 14:6 y sigs). Debido a su voluntad de poner la fe en acción, triunfaron donde otros sin fe fracasaron. Recordamos que la fe verdadera siempre *actúa* (Stg. 2:18, 26).

Dios nos ha dado una visión de lo que podemos ser y hacer. ¿Tenemos valor suficiente para seguir la visión? ¿Actuaremos? Cumplir con la comisión de Dios significa entrar en nuevas tierras y enfrentar a algunos gigantes. ¿Somos langostas o vencedores de gigantes?

3

El rey que sirve
1 Reyes 12:1-20

Roboam era hijo de Salomón y, sin duda, creció en medio del lujo. Cuando se puede disfrutar de todo lo que apetece es muy fácil dar por sentado el bienestar. Y si no se es cuidadoso, se puede empezar a tener la misma actitud respecto de las *personas*. Es poco probable que Roboam diera gracias a Dios por los alimentos que tomaba y por aquellos que los preparaban. A este joven rey no le preocupaba para nada el hecho de que los israelitas sufrieran bajo el pesado yugo que Salomón les había impuesto. El pueblo existía para servirle a *él*.

¡Qué fácil es sentirse satisfecho de sí mismo acerca de las bendiciones que disfrutamos! Roboam era el tercer rey de la casa de David, y nunca tuvo que pelear para ganar su reino o para defenderlo. David había sufrido y había peleado batallas para establecer el reino para gloria del Señor. Salomón fue elegido para ser el sucesor de David y heredó toda la riqueza y el poder de su padre sin tener que pagar ningún precio para conseguirlo. En sus últimos años Salomón se apartó de la adoración al verdadero Dios para seguir las prácticas idolátricas de sus mujeres paganas. Roboam era ahora rey, y vemos muy poco de la actitud de siervo en este hombre joven. Se parecía muy poco a su abuelo David.

A dónde vamos para buscar consejo evidencia plenamente la clase de dirección que buscamos. Los sabios ancianos que habían asesorado a Salomón sabían muy bien qué aconsejar al joven rey, pero Roboam prefirió prestar atención a las opiniones de sus jóvenes amigos. Quizá fue la "presión del grupo" lo que le llevó a rechazar la sabiduría de los experimentados y prudentes consejeros. O quizá él había decidido de antemano la clase de consejo que prefería escuchar. En cualquier caso, Roboam no tenía la sabiduría que su padre tuvo cuando ascendió al trono. Tomó una decisión errónea porque escuchó el consejo equivocado.

Es un principio básico de las Escrituras que debemos empezar como siervos antes que podamos ser líderes. Así se explica por qué David tuvo tanto éxito. Empezó como siervo —un pastorcillo— y demostró que podían confiar en él porque obedecía y realizaba bien la tarea. A menos que seamos fieles en las pequeñas cosas, Dios no nos va a confiar las grandes cosas. A la persona que le falta conocimiento sobre lo que significa estar bajo autoridad no tiene ningún derecho a ejercer autoridad sobre otros. Aun nuestro Señor Jesucristo vino a la tierra en la condición de siervo de Dios y entonces fue exaltado al trono de los cielos como Soberano (Fil. 2:5-11).

Si Roboam se hubiera humillado y hubiera servido a su pueblo se habría evitado a sí mismo y a su nación mucha tristeza y dolor. Los sabios consejeros le ofrecieron el secreto del éxito: Sirve al pueblo de corazón y escúchales, respóndeles con compasión y anímales (12:7).

Los africanos tienen un proverbio que dice: "El jefe es siervo de todos." Jesús les dijo lo mismo a sus discípulos cuando discutían acerca de quién de ellos sería el mayor en el reino: ". . .el que quiera hacerse grande entre vosotros, será vuestro servidor, y el que quiera ser el primero entre vosotros será vuestro siervo" (Mat. 20:26, 27). Nuestro mundo moderno se ríe de esta filosofía, como el mundo romano se reía en el tiempo de Cristo; pero este principio es todavía verdadero. Si vamos a ser líderes para el bienestar de otros y la gloria de Dios, debemos empezar siendo siervos.

Roboam perdió su oportunidad de ser grande. En vez de utilizar su autoridad para ayudar a sus súbditos, utilizó al pueblo para edificar su autoridad. No se identificó con sus problemas y dolores. Sólo le importaba conseguir lo que él quería. Eso se llama egoísmo.

Pablo escribió que los oficiales de la iglesia deben *desempe-ñar* y no simplemente *ocupar* su puesto (1 Tim. 3:13). ¿Cómo deben desempeñarlo? Sirviendo al pueblo de Dios. Debemos ser siervos que dirigen y líderes que sirven. A medida que buscamos servir a Dios y a su pueblo, debemos ser cuidadosos en escucharles y compartir sus cargas. Debemos hablarles en forma alentadora y ayudarles a lo largo del camino. No están aquí para servirnos a nosotros, sino para servirles nosotros a ellos.

Después de todo, si el Hijo de Dios estaba dispuesto a hacerse un siervo por amor nuestro, ¿puede haber más alto llamamiento que seguirle en sus pasos? Un cristiano nunca es más semejante al Señor Jesucristo como cuando sirve a otros sacrificantemente.

4

¡Haga las preguntas correctas!

Nehemías 1—2:8

No nos sorprende la preocupación de Nehemías por las condiciones de vida del pueblo de Dios en Jerusalén. Después de todo, él era un judío, aunque estuviera residiendo en Babilonia. Nehemías quería ayudar, pero le tomó cuatro meses estar listo para empezar. Finalmente, Dios le usó para guiar en la reedificación de los muros, aunque debió serle duro tener que esperar aquellos cuatro meses.

No nos gusta vivir con necesidades insatisfechas o problemas sin resolver. ¡Cuánto antes terminemos con ello, mejor! Por supuesto, satisfacer necesidades y resolver problemas es importante. Pero antes de lanzarnos al proceso de solucionar problemas, debemos responder a algunas preguntas importantes. Con Nehemías como guía, podemos averiguar cuáles son las preguntas correctas que conviene formular y el orden correcto en el cual hacerlas.

1. *¿Nos ha hecho Dios conscientes de esta necesidad?* No estamos preparados para la forma de responder de Nehemías a las noticias provenientes de Jerusalén. El lloró, hizo duelo, ayunó y oró durante muchos días (1:4). Fue grande su preocupación y dolor por las personas y la ciudad. Tenía una gran carga en su corazón, puesta allí por Dios.

Nehemías no empezó inmediatamente a hacer planes para reedificar los muros de Jerusalén. Durante cuatro meses (1:1—

16

2:1) continuó con su servicio al rey; mientras tanto oraba y esperaba en Dios. Durante este tiempo Nehemías fue entendiendo que aquella carga era de Dios y que él debería actuar. De igual manera, nosotros debemos ser cuidadosos de que nuestras "cargas" provengan realmente de Dios.

Cuando aparece una necesidad, la pregunta que frecuentemente hacemos es: "¿Cuánto costará?" De hecho, cuando Jesús se preparaba para alimentar a los cinco mil, la primera respuesta de Felipe tuvo que ver con las finanzas: "Doscientos denarios de pan no bastarían para que cada uno de ellos tomase un poco" (Juan 6:7). El empezó, como la mayoría de nosotros, con los recursos humanos, en vez de con los de Dios. Debemos ante todo confirmar que Dios está metido en el asunto; después ya podemos nosotros proseguir. No debemos malgastar tiempo en proyectos que Dios no nos ha encomendado. Si Dios nos ha hecho conscientes de una necesidad, él la usará como una oportunidad para enseñarnos y bendecirnos.

2. *¿Qué quiere Dios que hagamos?* La respuesta humana predecible para resolver problemas es convocar una reunión, acumular información y pasar a una resolución. Felipe hizo un estudio sobre la posibilidad de alimentar a la multitud; Andrés encontró a un muchacho con un poco de comida, pero se mantuvo escéptico acerca de las probabilidades de éxito (Juan 6:7-9).

La respuesta de Nehemías a la necesidad de reconstruir los muros fue la de orar, ayunar y esperar la dirección de Dios (1:4). Los propósitos de Dios no son siempre inmediatamente evidentes. Los cuatro meses de espera fueron usados para preparar el corazón del rey (2:4-8). Si Nehemías hubiera sido impulsivo en su actuación, probablemente nunca se hubieran reconstruido los muros.

Antes de dar pasos de los que no podremos volvernos atrás, deberíamos llevar a cabo algunas acciones espirituales. Ore acerca de la necesidad y dé a Dios tiempo para la respuesta. El tiempo dedicado a esperar en Dios nunca se pierde, especialmente si es usado para planear lo que podría necesitarse. Nehemías dedicó aquellos cuatro meses a pensar bien en los recursos

humanos y materiales que se requerirían. Cuando el rey inquirió:
"¿Qué cosa pides?" (2:4), Nehemías "oró al Dios de los cielos" y le
dijo al rey exactamente lo que iba a necesitar y cuánto tiempo le
llevaría. El sabía que la "benéfica mano de Jehová" estaba sobre
él (v. 8).

3. *¿Confiamos en que Dios proveerá?* Muy frecuentemente
limitamos la atención de necesidades a la cantidad de dinero que
tenemos, en un momento dado, en la tesorería de la iglesia. Si el
costo de la necesidad y el balance en el banco no concuerdan, la
necesidad no es atendida.

Nehemías no partió del recuento de recursos humanos, sino
que empezó con el Dios de los recursos ilimitados. Sabía que
desde el momento en que Dios le estaba cargando con la tarea de
reedificar los muros de Jerusalén, él era también responsable de
proveer los medios necesarios. Nehemías oró y Dios abrió el
corazón del rey para suplir generosamente lo que se requería.

"Fe es vivir sin intriga ni manipulación", dijo alguien una
vez. Si estamos muy ocupados ejerciendo influencia por todas
partes y manipulando a la gente para encontrar recursos, puede
que signifique que no confiamos en que Dios proveerá. Debemos,
por supuesto, usar nuestras mentes para descubrir y utilizar
sabiamente los recursos que Dios nos da. Debemos creer también
que si la obra es de Dios, podemos darle a conocer nuestras
necesidades y confiar en que él actuará. Bien puede ser que Dios
le está llamando a dar hoy un paso de fe. ¿Tendrá el valor de
hacerlo?

Las necesidades y problemas no cesarán de confrontarnos
en nuestras vidas personales y como líderes de iglesias. Respondamos en la forma apropiada: con oración, paciencia y planificación. ¡Y no nos olvidemos de formular las preguntas correctas!

5

Mientras que edificamos. . .

Nehemías 2:9-20

Un hombre que finalmente sobrevivió al proceso de construir su casa, propuso estos axiomas sobre la construcción de nuevas casas:

Espere un costo superior al esperado
Espere que tome más tiempo del esperado
Espere que resulte diferente de lo esperado
Espere vivir con los resultados

El proceso de edificar nunca está libre de dificultades. Así como la gente sigue construyendo casas, los cristianos todavía edifican iglesias: tanto la estructura física llamada templo como el cuerpo espiritual que se congrega en el edificio.

Nehemías y el pueblo de Jerusalén reedificaron los muros de la ciudad, y hay algunas lecciones que deberíamos aprender de su experiencia. Como líderes en la iglesia estamos edificando un ministerio, y el proceso de construcción no termina cuando el programa de edificación se ha completado. Estamos siempre en el proceso de edificar un templo espiritual. Cuando buscamos levantar (o "remodelar") un ministerio espiritual, ¿qué lecciones necesitamos aprender?

Edificar demanda preparación. Antes de poner un solo ladrillo, Nehemías inspeccionó toda la muralla demolida a fin de conocer la situación de primera mano (2:12-15). Quería elaborar una estrategia que funcionara y que permitiera terminar la tarea en la manera más eficiente.

Notemos los pasos que Nehemías dio al formular el plan de reedificación de las murallas. Primero, buscó la guía de Dios (v. 12). Así como Dios le había llevado desde Susa a Jerusalén con el permiso del rey y con provisión de materiales (vv. 7-9), también proveería de la sabiduría necesaria para realizar el trabajo. Segundo, Nehemías consiguió toda la información necesaria. Escuchó atentamente a los líderes locales, pero quiso ver la ciudad personalmente. Su plan de acción estaba basado en hechos, no en especulaciones. Nehemías ejercitó también paciencia, esperando tres días antes de iniciar la actividad (v. 11). Nada se consigue corriendo delante de Dios. Y, por último, desarrolló una táctica en relación con el pueblo que le ganó su apoyo. Después de todo, *ellos* eran los que iban a hacer el trabajo. Ni el crecimiento espiritual ni la expansión del ministerio suceden así como así, tenemos que planificarlo. Los cuidadosos preparativos de Nehemías abrieron el camino que les llevó al éxito.

Edificar demanda cooperación. Nehemías, los líderes y el pueblo tenían que trabajar de acuerdo para reedificar los muros. Nehemías no perdió tiempo en identificarse con el pueblo y con la ciudad de Jerusalén. En el versículo 17 vemos que se dirige al pueblo utilizando los términos plurales "edifiquemos" y "no estemos". Sus necesidades eran también suyas y este sentido de compartir los unió como un solo hombre. Aquellos que dirigen hoy necesitan comunicar este mismo sentido de identificación con el pueblo al que sirven.

Compartieron una meta común: reedificar el muro. Todos en Jerusalén sabían lo importante que era disponer de un muro fuerte. Significaba protección contra los enemigos y era un paso importante para el restablecimiento de su identidad como pueblo de Dios, separado del mundo. Lo que les motivó fue el pensamiento de alcanzar la meta y de terminar con el "oprobio". Nehemías no tuvo que "comprar" cooperación, ésta vino voluntariamente de gente comprometida con una causa que ellos reconocían como importante.

Nehemías proveyó de liderazgo, bajo la dirección de Dios, y el pueblo siguió. Cuando líderes confiables siguen al Señor, el pueblo seguirá a los líderes. Nehemías se ganó su confianza y eso es lo que deben hacer los líderes de la iglesia de hoy. Casi todos contribuyeron a la reedificación del muro (Neh. 3) y la tarea se completó en cincuenta y dos días de trabajo en equipo. *Edificar provoca oposición.* Hay aquí otra lección que debemos percibir. En cuanto empezaron a edificar la muralla el enemigo apareció para burlarse e interrumpir la obra (v. 19). Aunque ellos acusaron a Nehemías de ser un traidor al rey, él afirmó su confianza en Dios y siguió poniendo ladrillos (v. 20).

Usted puede estar seguro de que en cuanto el pueblo de Dios empieza a realizar una buena obra, la oposición aparecerá de una manera u otra. Jesús fue bautizado y Satanás apareció para tentarle. Pablo y Silas llevaron el evangelio a Filipos y terminaron en la cárcel. Las nuevas murallas que cerraban Jerusalén crearon una distinción entre el pueblo de Dios y sus vecinos. A los vecinos no les gustaba ser los de "afuera", de manera que crearon dificultades. Cuando alguien empieza a ejercer una influencia espiritual para bien, siempre habrá alguna forma de respuesta de las fuerzas del mal.

Triste es decirlo, pero a veces la oposición procede de dentro del grupo. Pablo tuvo que defender constantemente su ministerio de los ataques de los judaizantes, que eran otros cristianos que buscaban deshacer lo que el Apóstol lograba para Cristo. Cuando el concilio o consejo de diáconos de una iglesia aprueba una nueva dirección para el ministerio, alguien de dentro del compañerismo probablemente se opondrá. Satanás opera dentro de nuestro medio, tanto como en el exterior.

Cuando la oposición llega, debemos responder como Nehemías lo hizo: Reafirmándonos en el llamamiento de Dios a aquella tarea y así triunfaremos (v. 20). Nehemías sabía que el pueblo era débil y vulnerable, pero él también sabía que la fortaleza de Dios se vería a través de ellos. A pesar de las interferencias del enemigo, el muro fue terminado.

Nosotros edificamos un ministerio para Dios. El nos guiará a medida que planeamos. Si trabajamos juntos hacia la meta y no huimos de la oposición, proseguiremos edificando por la gracia de Dios.

6

Cómo ayudar
Textos de Job

Suena el teléfono y al responder escucha el relato de la tragedia de alguien que usted conoce. Al colgar el teléfono se pregunta: "¿Qué hago ahora?" Pocos de nosotros somos médicos o consejeros profesionales. Queremos ayudar, pero no queremos ser superficiales o vulgares, o hacer algo que no sirve.

Aunque los programas de la iglesia son importantes y las tareas diarias deben hacerse, estamos realmente tratando con necesidades humanas en todo lo que hacemos. Muchas de las personas con las que entramos en contacto están heridas. Vienen con sus cargas y necesitamos aligerárselas.

Job sufrió como pocas personas lo hacen. Conocemos bien su historia. Sus amigos fueron a visitarle y querían ayudarle. Algunas cosas las hicieron bien y en otras fallaron miserablemente. Tomando a los amigos de Job como modelos, vamos a descubrir cuatro respuestas positivas cuando nos llaman para ayudar.

Interesarnos. Cuando los amigos de Job supieron de sus desgracias fueron a estar con él (2:11-13). Quedaron tan abrumados por todo lo sucedido que se sentaron en silencio durante una semana. Pero ellos *fueron* a verle. Nuestra primera respuesta, al igual que ellos, debe ser la de mostrar que nos interesamos. Puede parecer que eso no es mucho, pero estar al lado de alguien herido ayuda. A esto se le llama algunas veces el "ministerio de estar presente". Estar allí sentado al lado del que sufre, escucharle cuando habla, tomar su mano, proveerle de un pañuelo, puede lograr más que ninguna palabra.

Los cristianos lloramos "con los que lloran" (Rom. 12:15), porque nuestras lágrimas muestran que el que sufre nos importa. Los amigos de Job lloraron (2:12). Estuvieron con él durante una semana, tratando de comprender, ofreciéndole simpatía e interés, estando simplemente a su lado. Al empezar a ministrar a aquellos en necesidad, debemos mostrarles que nos interesamos por ellos.

Escuchar. Después de aquella semana de silencio, Job empezó a hablar (Job 3). Aunque sus palabras no eran sorprendentes, a la luz de todo lo que había padecido, sus amigos quedaron pasmados. Job dijo que deseaba no haber nacido (v. 3), que deseaba estar muerto (vv. 20, 21), y culpó a Dios de todo lo que había sucedido (v. 23). Los amigos oyeron y reaccionaron a las palabras de Job, pero habrían actuado mejor si hubieran escuchado más cuidadosamente. Esa es la segunda manera de ayudar: escuchar cuidadosamente.

Los amigos oyeron las *palabras* de Job, pero no sintieron el *dolor* que originaban aquellas palabras. En vez de ello discutieron con él. (Los capítulos del 3 al 37 contienen esta continua discusión.) Una persona que escucha con atención responde a los sentimientos, no tanto a las palabras mismas. Un oidor perspicaz descubre el significado detrás o debajo de las palabras. Las personas heridas necesitan hablar, pero requieren de alguien que les escuche con simpatía y que trate de entender su dolor.

Los amigos de Job convirtieron su sufrimiento en un debate teológico. Esto rebajaba su experiencia, transformándole en un "caso" para ser estudiado más que en una *persona* para ser afirmada. Para ministrar a aquellos en necesidad debemos usar ambos oídos y sólo unas pocas palabras.

Aceptar. La tercera respuesta para ayudar a aligerar la carga es aceptar a la persona y sus expresiones de desesperación. En el capítulo 10 Job acusa directamente a Dios de ser el causante de sus problemas. Aunque este no era el caso (lo sabemos porque nosotros podemos leer Job 1—2 y él no podía), Job *sentía* como si Dios fuera el responsable. Sus amigos se pusieron a la defensiva y razonaron: Si Job estaba en lo correcto, la teología de ellos estaba completamente equivocada. Se involucraron tanto intelectual-mente que ignoraron las necesidades emocionales de Job.

Cuando las personas se encuentran metidas en medio de la pena y del dolor, dicen cosas que pueden sorprendernos. No hay necesidad de apresurarnos a defender a Dios. El sabe bien qué hacer cuando las personas están enojadas con él. Tampoco precisamos explicar cada cosa; las explicaciones no siempre alivian el dolor. Permitamos a la gente cuestionar a Dios, expresar su enojo, ventilar sus frustraciones, y todavía seamos sus amigos. Aceptar a una persona no quiere decir estar de acuerdo con todo lo que dice o hace. Sí significa que vamos a ser sus amigos a pesar de todo. Muchas veces los que sufren han quedado convencidos de que Dios todavía les ama debido a que un amigo cristiano ha estado a su lado sin fallarles.

Confortar. La cuarta respuesta para ayudar a las personas es confortarles. Job llamó a sus amigos "consoladores molestos" (16:2) a causa de que sólo lograron que se sintiera aún peor. Nuestra tarea como ayudadores es ofrecer fortaleza y esperanza.

Un confortador es alguien que pone su fortaleza a disposi-ción de otro. Cuando un jugador de fútbol queda lesionado, dos compañeros de equipo le sostienen por ambos lados para que pueda salir del campo de juego. Su fortaleza le transporta, así se convierten en confortadores. De igual manera, el Espíritu Santo ministra a los creyentes proporcionándoles el poder para prose-guir (Juan 14:16).

¿Cómo infundimos ánimo a los demás? Emocionalmente, asegurando a aquellos que están heridos que Dios les ama y nosotros también. Podemos compartir sus lágrimas y así partici-par en su dolor. Físicamente, ayudándoles con cosas prácticas: preparar una comida, lavar la ropa, hacer los mandados. Espiri-tualmente, podemos orar por y con ellos, leerles la Palabra de Dios, y demostrarles el amor de Dios siendo amorosos para con ellos. También les alentamos permitiéndoles tomar decisiones por ellos mismos, y ofreciéndoles esperanza.

A veces vemos una necesidad y queremos ayudar, pero tenemos temor de hacer o decir lo que no conviene. Es mejor hacer o decir algo que no hacer nada. Siga estas sugerencias y pida al Espíritu que le ayude. El le inspirará a ser el tipo de persona que aligera la carga de los agobiados.

7

Vivir con integridad
Salmo 26

Si una persona no es íntegra, todo lo demás que tenga significará muy poco delante de los ojos de Dios. Es especialmente importante que los líderes cristianos seamos íntegros, que tengamos aquella clase de carácter que hace a las personas confiar. Lo opuesto de integridad es duplicidad, y Dios dice que el "hombre de doble ánimo es inconstante en todos sus caminos" (Stg. 1:8). Así como un número "entero", lo opuesto de "quebrado", es un número completo, una persona íntegra es una persona entera. No hay nada en su vida que está dividido o es desleal.

En el Salmo 26, David explica las características de la persona íntegra:

Primera, la persona con integridad vive por fe en el Señor y es obediente a su Palabra. La observación de que "fe es vivir sin intriga ni manipulación" es ciertamente verdadera. Una vez que empezamos a planear y urdir a fin de que la Palabra de Dios se cumpla, cesamos de andar por fe. "He confiado asimismo en Jehová sin titubear", dice David (v. 1). "Y ando en tu verdad" (v. 3).

Caminamos por fe cuando obedecemos la Palabra de Dios, sin importar lo que vemos o cómo nos sentimos. Muy frecuentemente imitamos a Jacob y tratamos de "ayudar a Dios" a cumplir sus propósitos por medio de nuestros propios planes y habilidades. A Dios le costó viente años el lograr que Jacob aprendiera a caminar por fe y no por vista. La frase: "El Señor ayuda a aquellos que se ayudan a sí mismos" es una simplificación exagerada que viene a ser una artimaña del diablo. El Señor ayuda a aquellos que confían en él, que obedecen su Palabra y se ofrecen a él para cumplir con todo lo que él quiera hacer.

Segunda, la persona íntegra no tiene nada que ocultar (v. 2) porque su corazón y su vida son como un libro abierto delante de Dios y de los hombres. Cuando alguien le notificó a Charles H. Spurgeon, el gran predicador inglés, que quería escribir su biografía, Spurgeon le contestó: "Puede hacerlo si lo desea, ¡no tengo nada que ocultar!"

En realidad, en el versículo 2 David está orando: "¡Examíname! ¡Pruébame! ¡Examíname!" La persona íntegra no teme a las pruebas de la vida. Métala en el crisol y el resultado será oro puro. La persona de doblado ánimo se deshace cuando es sometida a la prueba, pero la persona íntegra sale aún más fuerte.

Tercera, la persona íntegra vive en el amor de Dios (v. 3). "Yo tengo presente tu amor", traduce apropiadamente la Versión Popular. El amor es el "cemento" divino que mantiene unida la vida de la persona. En cuanto el egoísmo invade nuestros corazones, empezamos a ser de doblado ánimo y nos deshacemos. Si cultivamos el amor a Dios y a otros, conservaremos nuestra integridad.

Cuarta, cuando somos íntegros aborrecemos el mal y mantenemos un nivel elevado en la conducta personal (vv. 4, 5). "Los que amáis a Jehová, aborreced el mal" (Sal. 97:10). A semejanza del varón descrito en el Salmo 1:1, David era cuidadoso de con quién caminaba y con quién se sentaba. No es suficiente amar las cosas del Señor, debemos también odiar las cosas del diablo. La integridad no es solamente algo que profesamos, es algo que practicamos. La gente puede verlo en nuestra vida. Si tienen que preguntarnos acerca de ello, es porque debemos haberlo perdido.

Las personas íntegras están ante todo preocupadas por la honra y la gloria de Dios (vv. 6-8). Por esto conservan sus manos limpias, a fin de que nada manche el glorioso nombre del Señor. ¿Dónde encontraremos personas con integridad? En el altar de Jehová, en el lugar de la adoración y del sacrificio. Como Abraham, tienen su altar y allí adoran a Dios y le ofrecen lo mejor de su vida.

Finalmente, la persona íntegra conserva su integridad, sin importar lo que otros hagan o digan (vv. 9-12). Otros pueden pecar contra el Señor y ser sanguinarios, pero los íntegros continuarán caminando en integridad. Otros pueden amenazar u ofrecer sobornos, pero ellos seguirán al Señor y no se rendirán a tales seducciones.

La persona de doblado ánimo es "inconstante en todos sus caminos", pero la persona íntegra se conserva estable en este mundo resbaladizo. "Mi pie ha estado en rectitud" (v. 12). El término "rectitud" indica un nivel de vida. La persona íntegra literalmente significa la que moralmente da la talla. Se puede confiar en que permanecerá firme.

Cuando perdemos nuestra integridad, perdemos nuestra oportunidad de ministrar, porque Dios no puede confiar en nosotros y otros tampoco lo harán. David miró hacia atrás y dijo: ". . . en integridad he andado" (v. 1). Entonces miró hacia adelante y prometió: "Mas yo andaré en integridad. . ." (v. 11). Era un hombre fiel a Dios. ¡Con razón Dios le bendijo y le usó!

8

¡A gozar de la vida!
Salmo 34:11-22

¿Quién es el hombre que "quiere vivir mucho tiempo y quiere gozar de la vida"? (Sal. 34:12, V. P.) La respuesta es "cualquiera que esté en su sano juicio". El problema básico está, sin duda, en que las personas discrepan en lo que significa "gozar de la vida". Para aquellos que somos cristianos significa mucho más que la ganancia material o el placer personal. Existe una dimensión espiritual que nos permite, a nosotros y a aquellos cuyas vidas tocamos, "gozar de la vida" en un sentido diferente.

Conviene notar que el "gozar de la vida" o "ver el bien" (como dice R. V.) puede incluir "angustias" (v. 17), "quebranto de corazón" (v. 18), y "aflicciones" (v. 19). Dios no promete librarnos de las dificultades de la vida, pero sí promete darnos de su gracia para sobrellevarlas y fe para proseguir hasta que nos saca del túnel. "Gozar de la vida" significa que veremos el bien aun en medio de cargas y conflictos.

¿Cómo podemos estar seguros de que "gozaremos de la vida" y que seremos para gloria de Dios? David nos dice en el Salmo 34 que hay ciertas condiciones que debemos cumplir:

Debemos guardar nuestra lengua del mal (v. 13). Es sorprendente la cantidad de dificultades que podemos evitarnos si simplemente controlamos nuestras lenguas. Santiago nos dice que la lengua es como una bestia venenosa y como un fuego destructor (Stg. 3:5-8). Por supuesto que si un animal es domado y el fuego es controlado, nos darán gran poder y servicio; pero si están descontrolados, ¡cuidado!

Es el corazón el que controla la lengua. "Porque de la abundancia del corazón habla la boca" (Mat. 12:34). Necesitamos orar con el salmista: "Pon guarda a mi boca, oh Jehová; guarda la puerta de mis labios, no dejes que se incline mi corazón a cosa mala. . ." (Sal. 141:3, 4).

Debemos decidir apartarnos del mal y hacer el bien (v. 14). Hay muchas cosas en la vida que están fuera de nuestro control, pero hay una cosa que sí podemos controlar: nuestro reino interior, "los pensamientos e intenciones del corazón" (Heb. 4:12). Lo que buscamos determina frecuentemente los resultados. Si buscamos el bien, lo encontraremos; si buscamos la paz, la descubriremos. Pero si decidimos que el conflicto es inevitable, ¡tengamos la seguridad de que la guerra está a la puerta!

Todos hemos tenido la desagradable experiencia de empezar el día "con el pie equivocado" y tener un día miserable. ¿Por qué fue el día un fracaso? Debido a nuestras actitudes negativas y críticas. Estábamos muy sensibles e irritables y por lo tanto, nada salió bien.

Esta es una razón por la que debemos empezar cada día con el Señor y estar seguros de que nuestros corazones están libres de egoísmo y enojo. Lo que consigamos del día dependerá en buena medida de lo que pongamos en él. Si vivimos por fe y en amor, Dios nos va a permitir tener un buen día y "gozar de la vida".

Debemos buscar agradar al Señor en todo (vv. 15, 16). Si solamente vivimos para agradarnos a nosotros mismos, recogeremos la amarga cosecha del egoísmo. Y si sólo buscamos agradar a otros, ellos pueden esclavizarnos y hacer de nosotros el felpudo de sus pies. Pero si vivimos para agradar al Señor, él va a determinar su voluntad en cada situación, y realmente todas las cosas van a ayudar a bien (Rom. 8:28).

Es reconfortante saber que los ojos del Señor están siempre sobre nosotros. Y es también de mucho aliento para nosotros andar en caminos de rectitud, en obediencia a su Palabra. Dios nos ve, nada puede ocultarse de su mirada. Nos permite disfrutar de verdadera libertad y gozo en la vida cuando caminamos a la luz de su rostro, con su sonrisa de bendición sobre nosotros.

Debemos orar y mantenernos en contacto con Dios (v. 17).
"Orad sin cesar" (1 Tes. 5:17) significa sencillamente "estar en
constante comunión con el Padre celestial". La oración puede
mantenernos lejos de los problemas, y la oración puede llevarnos
a través de las dificultades y transformarlas en triunfos. El poder
de la oración es el más grande del universo. Debemos empezar
cada día en oración de fe, y debemos orar a lo largo del día y
cuando éste termina. Cuando usted abra el día con la llave de la
oración, la bendición de Dios le acompañará.

Debemos humillarnos delante de Dios (v. 18). Muchos de
nuestros problemas en la vida vienen a causa del orgullo, ya sea
nuestro o de otro. Todos necesitamos aquel espíritu quebrantado
y aquel corazón contrito y humillado del que David habla en el
Salmo 51:17. Si nos humillamos ante Dios (Miq. 6:8), todos los
recursos del cielo estarán a nuestra disposición. Si, por el
contrario, insistimos en hacer las cosas a nuestra manera, Dios
nos dejará solos con nuestros planes y poder, y fracasaremos
miserablemente.

Dios todavía escarnece y resiste a los soberbios y da gracia a
los humildes (Prov. 3:34; 1 Ped. 5:5). Nadie que va por el mundo
actuando como si fuera alguien importante puede esperar que
Dios le haga "gozar de la vida" y tener un buen día. La soberbia
antecede al quebrantamiento y la altivez de espíritu precede a la
caída (Prov. 16:18).

Humildad no significa que debamos tener un bajo concepto
de nosotros mismos. Sí quiere decir que no nos vamos a centrar
en nosotros mismos, debido a que vamos a estar ocupados
pensando en otros y buscando servirles en el nombre de Cristo.
Humildad no es debilidad; es, por el contrario, poder bajo control.
Cuando caminamos con el Señor en mansedumbre, él nos hará
"gozar de la vida" y tener días buenos para nuestro bien y para su
gloria.

Cada día el Padre nos dice: "¡Goza de la vida!" Y nos dice
también cómo lograrlo. ¿Escucharemos y obedeceremos?

9

¿Qué dejamos para la posteridad?

Salmo 78:1-8

La iglesia de Jesucristo está siempre a una generación de distancia de su extinción. Lo que hacemos hoy, como individuos y como líderes en la iglesia, afectará en gran medida a nuestros hijos y nietos. Tenemos una obligación solemne para con ellos, y para con el Señor, de ser fieles en nuestro testimonio y en nuestro trabajo. Queremos que las generaciones venideras conozcan la gloria del Señor y las bendiciones que fluyen cuando le seguimos.

En otras palabras, usted y yo vamos a dejar algo tras nosotros para la siguiente generación. La gran pregunta es: *¿Qué será ese legado?* Consideremos a algunos de los más conocidos personajes de la Biblia para descubrir qué dejaron ellos para la posteridad. Así podremos evaluar mejor la calidad de permanencia que van a tener nuestros propios ministerios.

Cuando Abraham e Isaac se trasladaban de un sitio para otro, dejaban altares y pozos detrás de sí (Gén. 13:1-4; 26:24, 25). Podemos trazar el itinerario de sus viajes siguiendo los altares que edificaron y los pozos que cavaron. El altar, por supuesto, habla de su adoración a Dios; el pozo nos recuerda la provisión de Dios para sus necesidades diarias. Jesús usó agua para ilustrar el ministerio del Espíritu Santo y la presencia de Dios que refresca y fortalece la vida del creyente (Juan 4:13, 14; 7:37-39). Si otros peregrinos así lo deseaban, podían usar los altares y beber de los pozos que Abraham e Isaac dejaron tras sí como un recuerdo para otros de que debían adorar a Dios y depender de él.

Si tuviéramos que seguir los viajes de los hijos de Israel en el desierto, los encontraríamos marcados por sepulturas. Estas nos recordarían que Israel rehusó creer en Dios y entrar en la tierra que él les prometió darles. En consecuencia, la nación vagó por el desierto durante cuarenta años, mientras que la generación incrédula desaparecía. Fue la marcha fúnebre más larga de la historia y cada tumba era un monumento a la incredulidad de aquella gente. ¡Qué tragedia si nuestra generación fuera sólo recordada por su falta de fe! Necesitamos confiar en Dios y obedecerle por fe, a menos que deseemos vagar por la vida, perder su bendición para nuestro ministerio y dejar detrás de nosotros monumentos funerarios que hablen de nuestra incredulidad.

Pablo dijo que David "sirvió a su propia generación" (Hech. 13:36), pero también sirvió a las generaciones que siguieron. ¿Cuál fue el legado de David? Nos dejó cantos e instrumentos musicales para la adoración a Dios (2 Crón. 29:25-30; Neh. 12:36). La nación de Israel se encontró en mejores condiciones de alabar a Dios a causa de la rica herencia musical que el rey David les dejó. Fue David quien organizó los coros del templo, escribió mucha de la música, e incluso desarrolló los instrumentos que los levitas tocaban.

La adoración a Dios es la tarea más importante de la iglesia y su más grande privilegio. ¿Estamos dejando para la generación que tome nuestro lugar los elementos que ellos van a necesitar para la adoración del Señor? ¿O estamos dejando elementos baratos y cantos superficiales que se quedan cortos para glorificar a Dios?

David también dejó a la generación siguiente armas de guerra para combatir al enemigo (2 Rey. 11:10). Si Satanás no puede derrotar a nuestra propia generación, él va a continuar con sus asaltos a la iglesia atacando a la próxima generación. ¿Hemos preparado a nuestros hijos, y han preparado ellos a nuestros nietos para enfrentarse a Satanás y derrotarle?

Se ha dicho que la primera generación pelea las batallas, la segunda generación reclama y disfruta los despojos, y la tercera generación se vende al enemigo. Esto quizá no sea cierto en cada familia o ministerio, pero sucede las suficientes veces como para animarnos a ponernos en guardia. La generación de Josué sirvió al Señor y también lo hizo la siguiente; pero la tercera generación empezó a apartarse del Señor y seguir los caminos del mundo (Jos. 24:31; Jue. 2:6-13). Debemos advertir a los que nos siguen que el enemigo está todavía activo, y debemos poner en sus manos las armas que necesitan para luchar y ganar la batalla: la Palabra de Dios, la oración, apartarse del pecado y cultivar la fe en el Dios viviente.

Abraham e Isaac dejaron para sus sucesores pozos y altares, pero la nación de Israel dejó tras sí miles de sepulturas, que resultaron en monumentos a su incredulidad. La herencia de David incluye cantos de alabanza, instrumentos de adoración, y armas de guerra. Judas dejó un cementerio (Mat. 27:3-10), ¡pero el don de Jesucristo para futuras generaciones fue un sepulcro vacío! El cementerio de Judas en el campo de sangre quedó como un símbolo de derrota; el sepulcro vacío de Cristo representa la victoria final. Recordamos a Judas como un traidor, un hipócrita que fue desleal para con el Señor, pero vamos a recordar siempre a Cristo como el siervo fiel del Señor, obediente a la voluntad del Padre, incluso hasta el punto de la muerte en la cruz.

Ni usted ni yo podemos evitar dejar una herencia a nuestros hijos y nietos. Lo que les dejemos va a ayudarles en su caminar cristiano o a estorbarles. Va a fortalecer el ministerio o a debilitarlo en su efectividad. Las decisiones que tomamos, los ejemplos que damos, la obra espiritual que hacemos van a contribuir a formar el legado que dejamos a la siguiente generación. ¿Y por qué queremos dejar una rica herencia espiritual? "A fin de que pongan en Dios su confianza, y no se olviden de las obras de Dios; que guarden sus mandamientos" (Sal. 78:7).

10

¿Permanecemos juntos o separados?

Salmo 133

En el momento de la firma de la Declaración de la Independencia, el 4 de julio de 1776, Benjamín Franklin dijo: "Debemos permanecer unidos, o, de lo contrario, seremos colgados separadamente." Aquellos patriotas americanos permanecieron unidos, y el resultado fue el nacimiento de los Estados Unidos de Norteamérica.

El tema de este Salmo de David es la unidad del pueblo de Dios. Existe una gran diferencia entre "unidad" y "uniformidad", y debemos tener mucho cuidado en recordar y mantener tal distinción. La unidad proviene de la vida interior, mientras que la uniformidad es el resultado del poder y de la presión exterior. La uniformidad es quebradiza y puede ser fácilmente destruida, mientras que la unidad es fuerte y permanece. La uniformidad no deja espacio para las diferencias honestas, mientras que la unidad reconoce la diversidad de los individuos y es más fuerte a causa de ello.

En la tradición judía se esperaba que tres veces al año todos los varones judíos subieran a Jerusalén, para celebrar las fiestas de la Pascua, Pentecostés y la de los Tabernáculos. Se convirtió en un tiempo de alegría que disfrutaban al caminar juntos hacia la ciudad santa, y sin duda la atmósfera de fiesta contribuía a su sentido de hermandad. Se regocijaban en su unidad.

Pero David buscaba algo más profundo que esta unidad

ocasional. Quería que los hijos de Dios habitaran juntos en armonía (v. 1). Es una cosa viajar con alguien que quizá no nos agrada, y aun llevarnos bien con él durante una o dos semanas; pero es otra cosa muy diferente vivir con aquella persona durante todo el año.

Es una desgracia cuando los creyentes no pueden "habitar juntos en armonía". Esa falta de unidad espiritual debilita el compañerismo, entristece al Espíritu Santo y daña el testimonio del Señor. Los inconversos en la comunidad disfrutan cuando se enteran de "peleas" y "divisiones" en la iglesia. Esta clase de noticias les da una excusa más para no tomar el evangelio en serio.

Examinemos este pequeño canto de David y aprendamos cómo podemos promover y fortalecer la unidad en nuestro propio compañerismo y así hacer que se goce el corazón de Dios.

Recordemos que somos miembros de la misma familia. Cabe esperar que los hermanos y hermanas se lleven bien unos con otros, pero frecuentemente no es así. El primer asesinato registrado en la historia bíblica envolvió a dos hermanos, cuando Caín mató a Abel. Moisés tuvo problemas con sus hermanos Aarón y María. José fue aborrecido por sus hermanos y le vendieron como esclavo.

Aquellos que han nacido de nuevo por el Espíritu Santo pertenecen a la misma familia, la familia de Dios. Podemos llamar a Dios Padre y pensar de los demás creyentes como nuestros hermanos y hermanas en Cristo. Participamos de la misma naturaleza divina y caminamos hacia el mismo hogar celestial. Aunque tengamos nuestros desacuerdos y diferencias, lo que tenemos en común es más grande que todo lo demás.

Recordemos que la unidad espiritual proviene de Dios. Esto no es algo que nosotros organizamos o fabricamos. No es muy difícil establecer uniformidad, pero la verdadera unidad debe venir de dentro y de arriba. Es un milagro espiritual.

David utiliza dos ilustraciones en el Salmo 133 para comunicar esta idea. La primera tiene que ver con el ungimiento del sumo sacerdote con el óleo santo (v. 2; cf. Exo. 29:1-7). El aceite es símbolo del Espíritu de Dios, que ha sido derramado sobre el pueblo de Dios. David dice claramente que este óleo resbalaba por la barba de Aarón y descendía por el efod que el sumo sacerdote llevaba sobre su pecho y corazón. Sobre el efod había doce piedrecitas, una por cada tribu de Israel (Exo. 28:4-12). En otras palabras, el aceite bañaba aquellas doce piedras separadas y las unía en una. No perdían su individualidad propia, pero quedaban unidas por el aceite del ungimiento.

Así sucede cuando permitimos al Espíritu Santo controlar nuestras vidas. Nos hermana en una unidad espiritual profunda. No perdemos nuestras propias personalidades individuales, como sucede frecuentemente cuando imponemos la uniformidad. Más bien, nos transformamos en una comunidad de un solo corazón, mente y espíritu.

La segunda ilustración, en el versículo 3, viene del mundo de los fenómenos atmosféricos: El rocío cae sobre los campos y renueva la vida vegetal. El monte Hermón tiene más de tres mil metros de altura y el rocío que proviene de este monte es como lluvia. Este rocío da nueva vida a los campos y el resultado es belleza y fecundidad.

Ni el óleo ni el rocío son aparatosos, porque simbolizan al Espíritu Santo que opera suavemente entre el pueblo de Dios. Ambos, el aceite y el rocío, descienden porque son dones que vienen de Dios. La unidad espiritual no se obtiene por reuniones especiales o actividades fervientes. La verdadera unidad viene calladamente cuando permitimos al Espíritu del Señor trabajar en nuestras vidas.

Recordemos que la unidad espiritual es práctica. La unidad es buena, como el rocío, y es agradable, como el óleo del ungimiento. No deseamos la unidad en el Señor para gozarla egoístamente, sino para servir mejor al Señor. Cuando una iglesia tiene unidad espiritual, hay una fragancia y una abundancia de fruto que son evidentes y dan gloria a Dios.

¿Dónde envía Dios sus bendiciones? ". . . porque allí envía Jehová bendición. . . (v. 3). ¿Dónde? En todo lugar donde él ve el rocío y el aceite. Si el óleo y el rocío del Espíritu están sobre nuestras vidas y nuestros ministerios, entonces las bendiciones de Dios vendrán sin duda.

Como un estímulo para nuestra propia unidad, leamos este pequeño Salmo juntos y guardémoslo en nuestro corazón. "¡Mirad cuán bueno y cuán delicioso es habitar los hermanos juntos en armonía!"

11

La alabanza lo cambia todo
Salmo 147:1-6

El Salmo 147 comienza y termina con expresiones de alabanza al Señor, y este es un buen consejo que podemos seguir. Somos muy propensos a dar por hecho las misericordias de Dios, y a olvidar los maravillosos beneficios que vienen a nuestras vidas cuando alabamos sinceramente al Señor. Sin duda que no vamos a alabar a Dios por lo que podamos conseguir haciéndolo. Le alabamos porque él es digno de ello, y porque adoración y alabanza son las actividades supremas del creyente.

Sin embargo, el cristiano que es fiel en la alabanza al Señor experimenta ciertas bendiciones que no alcanzaría de ninguna otra manera. Este salmo describe tales bendiciones y, al hacerlo, nos estimula a la alabanza a Dios.

La alabanza hace que la vida sea hermosa (v. 1). La alabanza es "buena" y "suave" y "hermosa". Nunca necesitamos preguntar si es oportuno ese momento para alabar al Señor. *Siempre* lo es. Hay ocasiones en que es impropio discutir o reír o incluso sonreír, pero siempre es oportuno alabar a Dios en todo tiempo.

La alabanza añade aquellos ingredientes espirituales extras que ayudan a que nuestra vida sea bella. La persona que no alaba al Señor es frecuentemente egocéntrica, crítica y orgullosa, y se ve muy poca belleza en esa clase de vida. "Adorad a Jehová en la hermosura de la santidad" (Sal. 29:2b).

La alabanza edifica nuestras vidas (v. 2). La crítica y la queja siempre destruyen la obra del Señor. Se necesita muy poco esfuerzo para encontrarnos las faltas unos a otros y a la iglesia, pero requiere mucha gracia alabar al Señor cuando las cosas no nos agradan. Cuando usted y yo alabamos sinceramente al Señor, el Espíritu Santo edifica nuestras vidas y nos ayuda a llevar a cabo su obra.

Cada vez que hay un avivamiento en la iglesia, viene generalmente acompañado de un nuevo énfasis en la alabanza. ¿Por qué? Porque Dios edifica su obra a través de la adoración. No basta con que estudiemos la Biblia, oremos y demos de nuestro tiempo y dinero. Debemos darnos también nosotros mismos en alabanza al Señor. Cuando así lo hacemos, Dios pone juntos todos nuestros ejercicios devocionales y nos edifica espiritualmente.

La alabanza une al pueblo de Dios (v. 2b). Se requería de los hombres judíos subir a Jerusalén para celebrar las fiestas de la Pascua, Pentecostés y los Tabernáculos. Estos momentos resultaban en experiencias de gran unidad nacional, porque se olvidaban de sus diferencias personales y tribales al congregarse para alabar al Señor. Quizá esto explica por qué se registra tanta alabanza en el libro de Apocalipsis. Cuando el pueblo de Dios se reúna en la gloria, estaremos unidos en adoración y alabanza. En esta tierra podemos estar divididos acerca de cómo interpretar la Biblia o sobre métodos de ministrar, pero todos estamos de acuerdo en cuanto a la alabanza al Señor. Consideremos simplemente cuántas diferentes denominaciones están representadas en un himnario cristiano.

La próxima vez que nos encontremos en desacuerdo y divididos, puede ser una buena idea detenernos y alabar al Señor. Las personas que oran juntas, permanecen unidas; y los creyentes que cantan juntos, fortalecen su relación.

La alabanza cura los quebrantos del corazón (vv. 3 y 4). No debemos olvidar que la iglesia está aquí para ministrar a los heridos y a los quebrantados de corazón. Hay muchos que necesitan sanidad espiritual, y la alabanza es una parte de esa medicina. Pablo y Silas cantaban alabanzas en la prisión no sólo para testimonio de otros prisioneros, sino también como bálsamo de sanidad para sus propias vidas. Cuando estamos heridos, a Satanás le gusta infectar nuestras heridas con el veneno de la malicia y la amargura, pero la alabanza al Señor desinfectará inmediatamente las heridas, aunque sean muy profundas.

Puede parecer increíble que el Dios de las galaxias, el Dios que conoce el número y los nombres de las estrellas (v. 4), quiera interesarse en nuestros corazones quebrantados "echando toda vuestra ansiedad sobre él, porque él tiene cuidado de vosotros" (1 Ped. 5:7).

La alabanza libera el poder (v. 5a). La iglesia de hoy está empezando a redescubrir el poder de la alabanza, pero los judíos del Antiguo Testamento lo conocían de primera mano. Cuando el pueblo de Israel marchaba a través del desierto, alababan al Señor y transportaban el arca del pacto delante de ellos (Núm. 10:33-36). Los salmos reflejan la fe de Israel en Dios y en su poder para cumplir lo prometido. Cuando David se hallaba desanimado, frecuentemente tomaba su arpa y alababa al Señor, y pronto todas las cosas empezaban a mejorar.

Sí, hay poder en la alabanza, cuando ésta proviene de corazones que aman a Cristo y confían en él. Existe también poder en la queja y la murmuración, pero es poder para demoler, no para edificar.

La alabanza nos hace dóciles para aprender (v. 5b), "Su entendimiento es infinito", y nunca lograremos abarcar todo lo que Dios es, hace y dice. Pero, a medida que le alabamos, nuestros corazones y mentes están mejor preparados para comprenderle. La adoración de la iglesia antes de la predicación de la Palabra, es no sólo la expresión de nuestra alabanza sino también la preparación de nuestro corazón. Porque adoramos sinceramente a Dios, podemos entender mejor su verdad y su voluntad para nuestras vidas.

La alabanza nos eleva y nos ayuda a ganar nuestras batallas (v. 6). La alabanza es un arma poderosa contra los poderes de las tinieblas. Satanás es nuestro acusador (Ap. 12:10), y él aborrece la adoración que el pueblo de Dios rinde al Padre. Él estaría mucho más contento si dedicáramos nuestro tiempo a buscar cosas para criticar y por las cuales quejarnos.

El hecho de que la alabanza nos eleva y anima no es debido a algún truco sicológico. Es la obra del Espíritu de Dios, quien crea en nosotros el espíritu de alabanza (Ef. 5:18b-20). Cuando verdaderamente alabamos al Señor se abren las puertas del trono de la gracia y él puede trabajar en y por medio de nosotros para llevar a cabo su obra.

"Alabad a Jehová, porque es bueno cantar salmos a nuestro Dios. . ." Y sin duda que esta actitud marca la diferencia.

12

Mida sus palabras
Textos de Proverbios

Jesucristo nos advirtió que un día daremos cuenta de toda palabra ociosa que salga de nuestros labios (Mat. 12:36). Deténgase un momento y piense en todas las palabras que ha utilizado en sus conversaciones hoy. Esto le ayudará a darse cuenta de cuán importante es usar las palabras cuidadosamente. A medida que caminamos por la vida vamos a usar muchísimas palabras. Veamos algunos versículos en el libro de Proverbios para descubrir la importancia de medir nuestras palabras, a fin de no ser descuidados al hablar.

Nuestras palabras revelan nuestro carácter. Proverbios 10:11 nos dice: "Manantial de vida es la boca del justo; pero violencia cubrirá la boca de los impíos." Dicho en pocas palabras lo que decimos revela a la gente lo que verdaderamente somos.

Si prestamos atención al vocabulario que una persona usa, podemos frecuentemente determinar cuál es su profesión. Un mecánico hablará acerca de reparaciones de motores. Un banquero lo hará sobre certificados de depósitos, intereses y préstamos. La caña, el anzuelo, el cebo, los aparejos, la veleta, son términos que salpican la conversación corriente de un pescador. De la misma manera, cuando la gente nos oye hablar, podrá decir si amamos a Cristo, si nos interesamos por otras personas, si somos amables, e incluso puede llegar a saber cuáles son nuestras verdaderas prioridades.

Jesús dijo: "De la abundancia del corazón habla la boca"

43

(Mat. 12:34). En el corazón es donde se forja el carácter y éste es el que motiva nuestras palabras. Por esto necesitamos alimentarnos de la Palabra de Dios, dedicar tiempo a la oración y buscar la dirección del Espíritu Santo. Entonces nuestro carácter cristiano y nuestras palabras lo reflejarán. Nuestras palabras valen sólo lo que vale nuestro carácter.

Nuestras palabras tienen consecuencias. "Hay hombres cuyas palabras son como golpes de espada; mas la lengua de los sabios es medicina" (Prov. 12:18). Este versículo nos presenta una segunda razón para medir nuestras palabras. Cuando un hombre dice por primera vez a una mujer "te amo", comienza un proceso. Después el hombre suele probar su amor adquiriendo un anillo de oro, lo más valioso que pueda, como un símbolo de que un día estarán ambos ante Dios en su intercambio de promesas. Todo esto se ha producido a causa de aquellas dos simples palabras: "Te amo."

Proverbios 12:18 nos dice que las palabras son poderosas. Tienen el poder de cortar y herir, pero también lo tienen para curar. Palabras dichas con enojo y aspereza pueden causar problemas para toda la vida. La respuesta blanda a palabras de enfado puede sacar bien del mal y ganar a un amigo. En cierto sentido, las palabras lo mismo que las semillas, una vez que son sembradas producen inevitablemente una cosecha. Las palabras que utilicemos hoy en nuestro diario vivir —profesional, familiar o religioso— van a tener sus consecuencias. ¡Usemos las palabras de tal manera que produzcan una cosecha de paz y gozo!

Nuestras palabras son medidas por nuestra conducta. Proverbios 26:24, 25 nos presenta a un hombre que dice palabras bellas, pero son sólo para ocultar malas intenciones. "El que odia disimula con sus labios; mas en su interior maquina engaño. Cuando hablare amigablemente, no le creas. . ." Nuestras palabras y acciones deben concordar; porque de lo contrario, nadie creerá nuestras palabras. "La lengua falsa atormenta al que ha lastimado, y la boca lisonjera hace resbalar" (v. 28).

Los padres algunas veces dicen a sus hijos: "Haz lo que te digo, pero no lo que yo hago." Pero, frecuentemente, lo que hacemos pesa mucho más que lo que decimos. Si profesamos amar y seguir a Cristo, pero no lo respaldamos con nuestro comportamiento, no podemos culpar a las personas por desconfiar de nosotros.

Una advertencia: Nuestras palabras no deben ser nunca sustitutivas a la acción. Santiago 2:15-17 nos invita a probar nuestra fe no por las palabras que decimos sino por las cosas que hacemos.

Bien puede suceder que antes de meternos de lleno en los quehaceres de la iglesia, nos convenga recordar que hay algunas palabras importantes que necesitan decirse. Expresiones como: "Lo siento; estaba equivocado." "Usted es una bendición para mí." O, simplemente, las palabras de cortesía "por favor" y "gracias".

Tenemos que usar palabras para comunicar, pero asegurémonos de medirlas primero.

13

Rocas, ríos
y justicia
Isaías 32:1, 2

Si ha visitado una librería últimamente habrá observado que el tema del "liderazgo" aparece frecuentemente en libros y revistas. En este mundo tan competitivo la gente quiere saber cuál es la forma más fácil y rápida para llegar a la cumbre. Todos quieren conocer el secreto de un liderazgo efectivo que garantice el éxito.

Pero, ¿en qué consiste tener éxito como líder? ¿Cuáles son las características de un líder? ¿Tiene el Señor el mismo punto de vista sobre el liderazgo que el que es promovido por las grandes empresas o el gobierno? ¿Puede una persona ser un líder exitoso en los negocios y no serlo en la obra del Señor?

Los dos versículos citados de Isaías representan el ideal de Dios para un líder. Sin duda que son descriptivos de nuestro Señor Jesucristo, la gran "Roca de la eternidad" que fue herido por nosotros. Sabemos que él un día "reinará en justicia", y que todos los que confían en él gozarán de las bendiciones de aquel reino. Pero dichos versículos describen también la clase de líder que Dios busca para su obra hoy en día.

El profeta utiliza dos imágenes diferentes para describir el ideal de Dios para un líder: Una roca o peñasco y un río. ¿Qué es lo que hay en una roca y en un río que debemos conocer a fin de llegar a ser mejores líderes en el ministerio que Dios nos ha confiado?

Equilibrio. En estas dos imágenes podemos ver equilibrio.

Una roca cambia muy lentamente, pero un río lo hace constantemente. Una gran roca nunca se mueve, pero un río está siempre moviéndose. La roca obliga a ir a su alrededor, pero el río es muy adaptable y traza su propio cauce.

El líder que es como la roca es admirado por su fortaleza y estabilidad. El tema de su canción favorita es: "Nunca me moveré." Pero hay momentos cuando aun los líderes más dedicados deben ser como el río y dar paso a los cambios, ocasiones cuando lo espiritual es adaptarse a las nuevas situaciones. Si queremos ser líderes espirituales, debemos saber cuándo ser como una roca y cuándo ser flexibles como un río. La obra de Dios sobre la tierra se edifica sobre una roca de verdad inmutable y esta verdad nunca debe quedar comprometida. Pero la obra de Dios debe manifestarse constantemente en nuevos desafíos y situaciones cambiantes. Necesitamos líderes que sean a la vez rocas y ríos, seguros y adaptables.

Ministerio. La roca y el río no sólo hablan de equilibrio, sino también de servicio. La peña provee de sombra protectora del ardiente sol del desierto, y el río satisface la necesidad del viajero sediento. Los líderes cristianos piensan en lo que ellos pueden hacer por otros, no en lo que ellos pueden hacer para sí mismos. El pueblo de Dios tiene el derecho de mirar a sus líderes y esperar que ellos los ministren en sus necesidades, para gloria de Dios.

Seguridad y satisfacción. La iglesia es una comunidad de personas que necesitan un sentido de la estabilidad y de la satisfacción que sólo Dios puede dar. Dios quiere que nosotros, sus siervos, seamos rocas de seguridad en un mundo lleno de peligros. Dios quiere que sus ríos de agua viva fluyan por medio de nosotros y lleven vida y fortaleza a sus criaturas (Juan 7:37-39). Ser un obrero en la viña del Señor es algo muy serio. Debemos procurar ser rocas auténticas, no dunas de arena que cambian constantemente de lugar, y que el agua de vida fluya libremente en nosotros y por medio de nosotros.

Desafío. Y, por último, estas dos imágenes de la roca y el río nos recuerdan nuestro llamamiento. A semejanza de la roca, enfrentamos el desafío de permanecer firmes en la fe; de no ser gente que va de acá para allá sin permanecer estable en ninguna parte. Pero también, a semejanza del río, hay que marchar hacia adelante, y abrir nuevos canales donde se necesite. Lo difícil en la tarea de ser líderes es saber cuándo hay que permanecer firmes y cuándo hay que buscar nuevos horizontes.

Si Isaías nos enseña algo acerca del liderazgo, es que ser buenos líderes no es un asunto de "esto o aquello", sino de "esto y aquello". Algunos de nosotros encontramos más fácil el ser como rocas e inclusive presumimos de nuestra resistencia al cambio. Otros de nosotros somos más bien como ríos, siempre en marcha, sin temor al cambio y listos ante los nuevos desafíos. Dios quiere que seamos las dos cosas, y debemos serlo si es que queremos llevar a cabo la obra a la que el Señor nos ha llamado.

14

Elementos esenciales para un ministerio verdadero
Isaías 50:4-7

No podemos leer estos versículos en Isaías sin ver en ellos un cuadro de nuestro Señor Jesucristo, el Siervo Sufriente de Dios. Nuestra salvación no depende de que sigamos su ejemplo del sacrificio perfecto, sino de que confiemos en él y en lo que él hizo por nosotros en la cruz. Sin embargo, en nuestro servicio por Cristo, podemos encontrar estímulo y fortaleza al meditar en el ejemplo de Cristo como el Siervo de Dios.

Consideremos varios elementos esenciales del ministerio que se manifiestan en la vida y servicio de Cristo Jesús.

Un oído abierto (vv. 4, 5). La imagen que aparece aquí es la de un siervo que se levanta temprano en la mañana para recibir las órdenes de su señor. Jesús se levantaba muy temprano en la mañana e iba a un lugar apartado para orar (Mar. 1:35). Sacamos la impresión de que su práctica habitual era la de comenzar el día en comunión con el Padre.

¡Cuán importante es para cada uno de nosotros empezar cada día con el Señor! No podremos nunca servirle aceptablemente a menos que dediquemos tiempo a estar a solas con él, escuchando su Palabra, orando y adorándole. Una vida devocional disciplinada es esencial para el liderazgo espiritual. El salmista dice: "Se anticiparon mis ojos a las vigilias de la noche, para meditar en tus mandatos" (Sal. 119:148).

Si el perfecto Hijo de Dios tenía que dedicar tiempo a estar a solas con el Padre, cuánto más usted y yo necesitaremos de un tiempo diario de quietud.

Una lengua lista (v. 4a). "Lengua de sabios" quiere decir una lengua instruida, una lengua que sabe lo que conviene decir. Lo que la lengua dice procede del corazón (Mat. 12:35), de manera que la fuente de una lengua sabia es un corazón instruido, uno que recibe con presteza la Palabra de Dios.

Nunca sabemos cuándo vamos a ser llamados para dar consejo o dirección a otros, por esto debemos estar siempre listos. En nuestras reuniones administrativas como líderes en la iglesia, debemos ser muy cuidadosos en compartir la "sabiduría que es de lo alto" (Stg. 3:17) y no la que es según el mundo. Si andamos en "consejo de malos", muy pronto caminaremos con los pecadores y nos sentaremos en silla de escarnecedores (Sal. 1:1).

Santiago nos recuerda (3:1-12) que la lengua es un miembro pequeño del cuerpo, pero que posee un gran poder. Puede ser un fuego que destruye o un fuego que produce calor y poder. Es como el freno y las riendas en el caballo, o como el timón en un barco, sirve para llevarlo todo por el camino correcto o el equivocado. Debemos tener cuidado de que las palabras que hablamos no nos lleven por desvíos peligrosos.

Una voluntad rendida (5b-6a). La imagen aquí no es muy atractiva, porque vemos a Jesús entregándose para ser maltratado por sus captores. El fue azotado, humillado y herido por nosotros. ¡Cómo no vamos a inclinarnos ante él en amor y adoración al contemplar lo que el Señor voluntariamente padeció por nosotros!

El cuerpo de Jesús fue totalmente rendido al Padre porque su voluntad también lo estaba. Sí, aunque aquello significaba sufrimiento y humillación, él lo hizo de buena gana. "El hacer tu voluntad, Dios mío, me ha agradado" (Sal. 40:8). Es probable que usted y yo no seamos llamados a ofrecer nuestras espaldas al látigo, pero debemos tener aquella clase de dedicación y obediencia en nuestros corazones.

Hay un precio que pagar por el liderazgo cristiano. La gente quizá no nos azote con látigos, pero pueden hacerlo utilizando sus lenguas. Si estamos entregados al Señor esos sufrimientos no nos impedirán seguir sirviendo. Como líderes en su iglesia, debemos estar "firmes y constantes, creciendo en la obra del Señor siempre. . ." (1 Cor. 15:58).

Un rostro firme (v. 7). El Señor "afirmó su rostro para ir a Jerusalén" (Luc. 9:51). Pensemos en lo que le esperaba a Jesús allí: rechazo, arresto, humillación, sufrimiento y muerte en una cruz. Nosotros probablemente habríamos buscado varias razones para *no* ir a Jerusalén; sin embargo, Jesús puso su rostro "como un pedernal" y obedeció a la voluntad del Padre.

Dedicación y determinación son inseparables. Existen muchas clases de fuerzas sutiles que van a buscar apartarnos del curso que Dios ha establecido para nosotros. Una vez que hemos descubierto la voluntad del Padre, debemos cumplirla, sin importar lo que otros puedan decir o hacer.

Cuando disponemos de estas características, podemos estar seguros de que el Señor nos ayudará en nuestro ministerio y que no nos avergonzaremos (v. 7). ¿Por qué? Porque cuanto más somos como Jesucristo, tanto más fácil le es al Padre bendecirnos y utilizarnos para su gloria.

15

El espíritu
de la Ley
Mateo 18:15-17

El tema de la disciplina en la iglesia es un asunto delicado y se hace aún más sensible cuando hay que administrarla. Debido a esto procuramos evitar que se produzcan ciertas situaciones. Pero Jesucristo sabía que surgiría la necesidad de acciones disciplinarias en la iglesia, y a este fin nos dio directrices para resolverlas. Cuando una ofensa sucede, se debe tratar primeramente en privado. Si el asunto no se resuelve, se busca la ayuda de varios testigos. Y, en última instancia, se lleva la situación ante la iglesia.

Jesús dio estas orientaciones porque él esperaba que los líderes de la iglesia resolvieran los problemas de la iglesia. Pero existe el peligro de usar este pasaje de manera superficial. Analicemos esta fórmula, inadecuada a este caso: "Fui a él personalmente y no me escuchó. Llevé conmigo varios testigos y nada logramos. Ahora ya lo sabe toda la iglesia. He seguido las pautas bíblicas, ¡echémoslo!" Estamos obligados a obedecer a Jesús pero debemos también armonizar con el *espíritu* de sus palabras. El equilibró la letra con el espíritu de la ley, y nosotros debemos hacer lo mismo.

Surgen, en base a estos versículos, algunas preguntas importantes que podemos plantear para entender mejor el espíritu de las palabras de Jesús.

¿Cómo tratamos a un cristiano que peca? Esta debiera ser la

primera pregunta. Jesús usa dos veces el término *hermano* en el versículo 15. De manera que sabemos que debemos tratar como a un hermano a un creyente que peca, no como a un extraño. Cuando alguien nos hiere, tendemos a levantar murallas de separación que mantengan a aquella persona alejada de nuestra vida. Arreglamos nuestro programa de tal manera que no tengamos que verla o hablar con ella. Pero Jesús nos dice que no podemos rechazar a aquella persona, porque ambos somos parte de la familia de Dios. El pecado entristece a Dios, pero él todavía ama al pecador. El pecado nos puede herir a nosotros, pero todavía estamos espiritualmente relacionados con aquel que pecó.

El hecho de que otro cristiano haya pecado nunca debiera hacernos sentir superiores o autosatisfechos, y desde luego tampoco felices. Esto entristece al Espíritu Santo y debería llevarnos a nosotros a estar preocupados por la condición espiritual del individuo. El pecado tampoco debiera ser tema de conversación. Cristo nos dijo que nos viéramos en privado con el pecador, "estando tú y él solos" (v. 15).

Gálatas 6:1 enseña que "si alguno fuere sorprendido en alguna falta, vosotros que sois espirituales, restauradle con espíritu de mansedumbre. . ." El "espíritu de mansedumbre" no quiere decir que no estemos interesados en corregir el mal; sí lo estamos. Pero también significa que vamos a tratar al pecador como a un hermano, con respeto y amabilidad. Los pecadores no son nuestros "enemigos", y no hay que salir a perseguirlos.

¿Cuál es nuestra meta en la disciplina? Si estamos dispuestos a seguir las instrucciones de Cristo, nuestro propósito debe ser "ganar" al hermano (v. 15). Jesús nos está diciendo que restaurar una relación es mucho más importante que ganar una discusión. Es triste decirlo, pero algunos cristianos prefieren ganar la discusión antes que curar la herida.

Los fariseos eran de esa clase de personas. Para ellos era más importante evitar el trabajo en el sábado que curar a un enfermo (Mar. 3:1-6). El deseo de "seguir las reglas" y después desquitarse no es espiritual ni bíblico. Tomar venganza es la prerrogativa de Dios (Rom. 12:19).

Nuestro sentido personal de dolor nos hace difícil el pensar en lo que siente la persona que nos causó el daño. Si la relación es valiosa para nosotros, debemos tratar de arreglar la situación. Quizá fue un simple malentendido. "¡Pero fue su culpa!", vamos a querer decir. Aunque deseamos que todos sepan quien fue el culpable, debemos recordar que las relaciones son más importantes que nuestros "derechos".

Un factor que debemos considerar aquí es que Dios ha sido ciertamente paciente con nosotros y nos ha permitido disfrutar frecuentemente de su gracia. Dado que nosotros también hemos pecado no podemos pretender presentarnos como justos ante los demás. Al buscar ganar al hermano que nos ha lastimado o ha dañado a la iglesia, no debemos olvidar que todos nosotros necesitamos perdón y restauración. Una actitud humilde al aconsejar acelerará el proceso de curación.

¿Tomamos en serio la unidad? En los versículos 16 y 17 el Señor nos instruye a incluir "testigos" y después a toda la familia de la iglesia. El propósito no es esparcir información acerca del pecado. Si sólo estamos siguiendo una fórmula, otros se constituyen en jueces. El espíritu de las palabras de Cristo es hacer de los testigos y de la iglesia una familia de amantes persuasores, listos para ayudar a que se produzcan el arrepentimiento y la restauración.

Debemos ser "solícitos en guardar la unidad del Espíritu en el vínculo de la paz" (Ef. 4:3). Cuando dos creyentes se dividen afecta a toda la iglesia. Una herida necesita atención inmediata, o de lo contrario se infecta y el mal se extiende. Los líderes de una iglesia tienen una gran responsabilidad en mantener la armonía. Jesús nos instruyó que el llevar los problemas a la comunidad es para su curación. Sólo si el ofensor rehúsa arrepentirse es cuando se le debe excluir, y aún así la intención de la disciplina es mantener la unidad de la iglesia de Cristo. Si más tarde se arrepiente, debe otorgarse el perdón y la restauración (2 Cor. 2:6-8).

Cada vez que surge un problema capaz de dividir, la tensión aumenta dentro del grupo. Debemos mostrar con claridad a lo largo de todo el proceso de curación que nuestro motivo ha sido el *amor*. El fruto del Espíritu es amor, y el amor cubre multitud de pecados y fortalece los lazos del compañerismo.

El pecado es algo serio en cualquier relación, incluida la iglesia. Hay que tratarlo siguiendo las directrices de Jesucristo. Pero al seguir sus pautas, necesitamos también ser guiados por su Espíritu, y por el espíritu de sus palabras.

16

Lo que significa ser grande
Marcos 10:35-45

La palabra *grande* está gastada. El mundo la usa en exceso y también la iglesia. Hablamos de un "gran sermón", un "gran predicador", una "gran escuela dominical", un "gran programa misionero", una "gran iglesia". Pero, ¿qué es lo que realmente significa ser "grande" en el servicio cristiano? ¿Cómo medimos esta grandeza?

Santiago y Juan querían estar seguros de ocupar posiciones importantes cuando Cristo estableciera su reino. Así que audazmente solicitaron sentarse uno a cada lado de su trono. El Señor les respondió que tal reconocimiento no estaba a disposición de quien lo pidiera; los tronos estaban reservados para ciertos individuos.

Cuando los otros discípulos se enteraron de que Santiago y Juan habían hecho semejante solicitud, se enojaron con ellos (seguramente porque a ellos no se les ocurrió primero). Jesús aprovechó aquel momento para instruir a sus discípulos en la naturaleza de la grandeza en el reino de Dios. Los líderes de la iglesia son los que especialmente necesitan asimilar esta enseñanza. No hay nada malo en querer que nuestra iglesia u organización sea grande para Dios, dando por sentado que entendemos lo que es la verdadera grandeza. Tratemos de asimilar los tres principios que Jesús presenta aquí sobre la grandeza.

1. *La grandeza viene por el servicio* (vv. 42-44). El criterio del mundo es lo opuesto: Cuanta más gente a supervisar, más autoridad vas a tener, mayor salario vas a ganar, mayor influencia vas a ejercer, y "más grande" serás. Pero para Jesucristo la grandeza viene a medida que servimos.

A lo largo de las Escrituras observamos que el modelo de Dios es capacitar líderes haciéndoles primero siervos. Moisés pastoreó ovejas en el desierto durante cuarenta años antes de liberar a Israel. David fue también un pastor antes de ser rey. José fue un esclavo y prisionero antes de llegar a ser jefe de gobierno de Egipto. El proceso de estar *bajo* autoridad nos capacita para estar después *en* autoridad.

Jesús puso el galardón en servir, no en ser servido. El servir afirma el carácter y proporciona ciertas cualidades que Dios quiere ver en sus líderes: humildad, obediencia, sumisión, confianza. Cuando Dios encuentra a un hombre o mujer en quien puede confiar, dispone de una herramienta que él puede usar de manera poderosa.

2. *La grandeza envuelve sacrificio* (vv. 38-40). Santiago y Juan pensaron que podían hallar un atajo para llegar a sus tronos mediante una hábil maniobra. Pero no resultó. Después que hicieron su solicitud Jesús les preguntó: "¿Podéis beber del vaso que yo bebo, o ser bautizados con el bautismo con que yo soy bautizado?" El vaso y el bautismo representaban la cruz. Santiago y Juan no entendieron el costo de sentarse en el trono, aun así respondieron "podemos" (v. 39).

Este es otro principio ilustrado a lo largo de la Biblia. Para Moisés, ser el líder de Israel significó abandonar "los tesoros de los egipcios" (Heb. 11:26). Para ser un hombre de Dios tuvo que olvidar un trono humano. Algunos llamarían a esto necedad, pero Dios lo llama grandeza.

Satanás tentó a Jesús para que alcanzara su trono en la forma fácil: "Todo esto te daré, si postrado me adorares" (Mat. 4:9). Aquí tenemos una corona sin una cruz, el camino fácil a la grandeza. Pero Cristo rehusó. Porque él sufrió la cruz, Dios le exaltó y le dio un nombre "que es sobre todo nombre" (Fil. 2:8-11). En el reino de Dios, el proceso de sufrimiento y sacrificio produce hombres y mujeres maduros que pueden llevar a cabo grandes empresas para Dios.

3. *La grandeza es siempre medida por Cristo* (vv. 42-45). Este principio tiene dos aplicaciones. Primera, Jesús es la medida con la que medimos la grandeza; segunda, sólo Cristo puede determinar quién es verdaderamente "grande" en su reino.

Jesús se puso a sí mismo como un ejemplo de lo que significa el servicio y el sacrificio: "Porque el Hijo del Hombre no vino para ser servido, sino para servir, y para dar su vida en rescate por muchos" (v. 45). Si usted quiere saber cuán grande es, compárese con Cristo. Ninguno, por supuesto, alcanzamos la medida de la estatura de Cristo, pero con todo, el ejercicio es valioso. Haga un pequeño inventario de su vida. ¿Tiene la paciencia de Cristo para con los demás? ¿Confía en el programa del Padre? ¿Es sensible a las necesidades de las personas? ¿Tiene una palabra amable para la persona herida, consejo sabio para aquel que anda buscando? Es muy fácil compararnos con otro cristiano o iglesia, y pensar que estamos bien; pero cuando nos comparamos con Cristo, nos damos cuenta de que aún no hemos llegado. Eso nos motiva para proseguir.

Solamente Cristo sabe quién es realmente grande. Tenemos tendencia a ver a la gente en la plataforma, escuchar la música, escuchar los programas de radio, leer libros — y concluimos que la visibilidad y la popularidad constituyen el camino hacia la grandeza. No es necesariamente así. El evangelista D. L. Moody sentía que mucho del poder de su ministerio provenía de las oraciones de dos mujeres que pedían fielmente por él. Conocemos la grandeza de Moody, pero estas mujeres eran también grandes.

Dado que debe permitir que sea Cristo quien tome la medida a su vida, no se desaliente con usted mismo y su ministerio. El sabe lo que usted hace y conoce también sus sacrificios. Proverbios 22:29 dice: "¿Has visto hombre solícito en su trabajo? Delante de los reyes estará; no estará delante de los de baja condición." Si somos fieles en nuestra tarea, un día estaremos delante del Rey de reyes, y descubriremos entonces quiénes son los verdaderamente "grandes".

Aplique estos principios a su iglesia o negocio. ¿Busca sinceramente servir a otros por amor a Cristo? Cuando tiene que hacer un sacrificio, ¿lo hace de buen ánimo? ¿Desea la aprobación de Cristo o busca ganar la aprobación de cualquier otro? Sea cuidadoso en el uso de la palabra *grande*. El que algo sea grande, resplandeciente, o "exitoso" según los criterios humanos no quiere decir que Dios esté impresionado. Dé a esa palabra el contenido que Jesús le dio: La grandeza tiene que ver con servicio y sacrificio, tal como son medidos por Cristo.

17

Tiempo
de inventario
Lucas 7:1-10

Fue Sócrates quien dijo que una vida sin examinar no era digna de vivirse. Si el examen honrado es importante para los filósofos, tanto más lo es para el creyente en Cristo, y especialmente para aquellos que son líderes en la iglesia. Debemos dedicar periódicamente tiempo a tomarnos la medida y considerar nuestra obra a fin de estar seguros de que somos todo lo que debemos ser.

El Señor Jesucristo es, sin duda, nuestro modelo por excelencia, y él debe ser siempre el modelo perfecto que sigamos (Ef. 4:13). Pero a veces es bueno fijarnos en otros hombres y mujeres de la Biblia y observar qué medida damos. Lucas 7:1-10 nos provee de uno de esos ejemplos. Este centurión romano fue especialmente elogiado por Cristo Jesús. ¿Qué cualidades de este hombre debemos admirar y con la ayuda de Dios cultivar en nuestra vida personal?

Preocupación amorosa. Este centurión era un hombre que se interesaba mucho por otros. Se interesó también por la comunidad judía, al punto de ayudarles a edificar una sinagoga (v. 5). Esta acción fue especialmente singular dado que este hombre era romano, y los romanos tenían la tendencia de menospreciar a los judíos y su religión "exclusivista". Resulta fácil para nosotros hoy juzgar los motivos de este hombre y pensar que sólo estaba comprando la cooperación de los líderes judíos. Yo prefiero otorgarle el beneficio de la duda. Creo que tenía una sincera preocupación por el pueblo judío y quería ayudarles.

Nuestra tarea más importante como líderes cristianos es edificar la iglesia de Jesucristo en este mundo. Al hacer esto, no olvidemos que tenemos también obligaciones para con nuestro prójimo, sin importar la fe que el individuo practique. Somos miembros de la comunidad humana y a fin de dar gloria a Dios debemos cumplir con nuestra parte en ayudar a otros. Jesús nos instruyó acerca de que dejemos que nuestra luz brille delante de los hombres mediante nuestras buenas obras (Mat. 5:16), y Pablo nos exhorta a que "hagamos bien a todos, y mayormente a los de la familia de la fe" (Gál. 6:10).

Este centurión se preocupaba también por su siervo enfermo y a punto de morir, aunque la mayoría de los soldados romanos, especialmente los oficiales, estaban algo endurecidos respecto a la muerte. De manera que, ¿por qué iba a molestarse un oficial romano por la muerte de un simple esclavo? Había alrededor de sesenta millones de esclavos en el Imperio Romano y no resultaría nada difícil sustituir a aquel joven. Pero el centurión "quería mucho" a este siervo (v. 2) y envió un mensaje a Cristo rogándole que fuera y curara al muchacho.

¿Somos líderes que expresamos nuestra inquietud? ¿Tenemos preocupación personal por las necesidades de otros? ¿Nos sacrificamos por los demás? ¿Intercedemos ante el Señor a favor de ellos? Si un soldado pagano tenía corazón para interesarse por otros, ¡cuánto más debemos mostrarlo nosotros que hemos sido salvados por Jesucristo y hemos experimentado su amor!

Humildad. Notamos una segunda buena cualidad acerca de este hombre: era humilde (vv. 4-7). Los líderes judíos hablaron muy bien de él, pero él lo negó todo. "Es digno", argumentaron los ancianos; pero el centurión dijo: "No soy digno." Esto no era falsa modestia, sino humildad sincera.

La obra de Dios ha sido dañada más por el orgullo humano que por ningún otro pecado que cometemos. "Dios resiste a los soberbios, y da gracia a los humildes" (Stg. 4:6, comparar con Prov. 3:34). Orgullo es el pecado que transformó al ángel Lucifer en el diablo, Satanás. Fue el orgullo lo que motivó a nuestros primeros padres a desobedecer: querían ser semejantes a Dios. El orgullo ha traído división a la iglesia y dolorosos desacuerdos en la familia de Dios. El orgullo roba a Dios la gloria que sólo le corresponde a él.

¡Qué fácil habría sido para este centurión romano ser orgulloso! Después de todo, pertenecía al conquistador Imperio Romano. Era un soldado romano, un oficial, y aparentemente un hombre de riqueza e influencia. Y, sin embargo, usó lo que tenía para beneficio de otros, no para sí. De hecho, no se sintió digno ni aun de salir y entrevistarse con Jesús personalmente.

"Bajo autoridad." Esto nos lleva a una loable tercera cualidad de este hombre: estaba *bajo autoridad.* Notemos el término *también* en el versículo 8: "Porque también yo soy hombre puesto bajo autoridad. . ." El sabía que Jesús estaba "bajo autoridad" y era capaz de hacer milagros, porque sólo aquellos que están comisionados deberían ejercer control sobre otros. Como el centurión podía mandar a sus soldados e ir y venir, así Jesús podía ordenar a la enfermedad del siervo que se retirara. El Padre le había dado tal autoridad.

Como líderes en la obra del Señor, ejercemos autoridad sólo porque nosotros mismos estamos bajo autoridad. Un día responderemos ante el Señor por las decisiones que hemos hecho y por el trabajo que hemos realizado. A menos que nos recordemos constantemente a nosotros mismos que estamos bajo la autoridad del Señor, vamos a tener la tendencia a hacer las cosas a nuestra manera y para nuestra propia gloria. El hecho de que estamos bajo la autoridad de Dios debiera animarnos a confiar en él y dar grandes pasos de fe para su gloria.

Fe. Y, por último, este hombre fue elogiado por Jesús por su "gran fe". En realidad, su fe era tanta que hasta Jesús se maravilló (v. 9). La otra ocasión en la que encontramos a Jesús maravillado es la de la incredulidad de su propio pueblo (Mar. 6:6).

Cualquiera habría esperado que un judío tuviera gran fe. Después de todo, el pueblo judío había sido especialmente bendecido por Dios y poseía la Palabra de Dios. Es triste decirlo, pero muchos judíos no tenían una fe así: fue un soldado gentil el que fue alabado por su fe. Los soldados romanos eran entrenados para ser autosuficientes, de manera que esta clase de fe era en verdad sobresaliente. El centurión creía en el poder de la Palabra de Dios, creía que Jesús podía "decir la palabra" y que la curación sería completa (v. 7).

¿Somos conocidos por nuestra gran fe o este soldado romano nos avergüenza también a nosotros? Jesús honró su fe y sanó al siervo enfermo y, sin duda, que nuestro Señor se alegró de encontrar una fe grande. No la encontró entre su propio pueblo. ¿La encuentra hoy entre nosotros?

Este centurión no era perfecto, pero ciertamente poseía algunas cualidades excelentes que nosotros haríamos bien en imitar: preocupación por otros, humildad profunda, reconocimiento de autoridad y gran fe. Estas son las cualidades que hacen real el liderazgo cristiano en la iglesia de Jesucristo hoy.

18

Busquemos el equilibrio
Lucas 10:38-42

"¡Estoy demasiado ocupado! ¡No hay tiempo suficiente!" Estas frases tan repetidas delatan la falta de balance y simetría en nuestras vidas. Algunos de ustedes están probablemente al borde del agotamiento. Quizá usted sienta que su vida es como los platos en las manos del malabarista, equilibrados y rotando en las puntas de los bastones, y usted corre constantemente para mantenerlos dando vueltas porque si no caerán y se harán añicos.

Este pasaje nos presenta el momento cuando Jesús visitó el hogar de Marta, María y Lázaro para gozar de su compañía y hospitalidad. Lo que Jesús encontró en aquel hogar es similar a lo que encuentra en los nuestros. El relato de esta visita de Jesús nos enseña una lección básica de la vida: Necesitamos mantener nuestra vida en un equilibrio apropiado. Hay tres dimensiones de la vida que tienen que ser balanceadas y todas tienen que ver con nuestro uso del tiempo.

1. *Encontremos tiempo para Cristo.* Marta quería que la comida resultara en una delicia culinaria y se esforzó mucho por conseguirlo. Quería que cada plato estuviera listo a su tiempo y estaba sintiéndose presionada. Aquella "comida apacible" se estaba transformando en una fuente de tensión.

María, mientras tanto, estaba sentada tranquilamente escuchando a Jesús. Sus palabras le proporcionaban paz interior y le ayudaban a profundizar en su conocimiento. ¡Qué contraste! Marta hecha trizas y con un vendaval desatándose en su interior;

María calmada y tranquila. ¿Qué hizo la diferencia? María dedicó tiempo a Cristo.

El tiempo que pasamos con Jesús es una inversión inapreciable. No es un lujo, es una necesidad. Cuando apartamos tiempo cada día para estar con Cristo, lo que ganamos en ese momento es perdurable, nadie nos lo podrá arrebatar (v. 42). La relación que edificamos con Cristo nos equipa para enfrentar el día con serenidad y sin temor. Aquellos de nosotros que vivimos dominados por el reloj, ¿le dedicamos tiempo cada día al Señor? Bien haremos en encontrar ese tiempo o, de lo contrario, nos veremos desequilibrados.

2. *Dediquemos tiempo al trabajo.* El propósito de Dios es que el hombre trabaje. Es una manera de usar nuestras habilidades y desarrollar nuestro potencial. Marta recibe muchas críticas, pero no estaba equivocada en *todo.* La gente necesita comer, y no hay nada malo en preparar y gozar una buena comida. El problema está más bien en los motivos: ella trataba de impresionar a Jesús, no de satisfacer sus necesidades.

Debemos darnos cuenta de que nuestras responsabilidades laborales no están divorciadas de nuestro servicio a Cristo. Dado que tenemos que realizar nuestro trabajo "de corazón, como para el Señor" (Col. 3:23), no podemos dividir la vida en sagrada y secular. Lo "secular" se hace "sagrado" cuando es hecho para el Señor. Cuando nuestro trabajo es hecho para Cristo se transforma en un acto de adoración.

La forma en que llevemos a cabo nuestro trabajo también va a manifestar si pasamos tiempo con el Señor. Marta iba en muchas direcciones a la vez ("se preocupaba con muchos quehaceres") y estaba internamente enojada (v. 40). Lo que motiva nuestro trabajo va a mostrar también si hemos estado con Cristo, porque entonces lo haremos por amor, no para impresionar a alguien o para recibir ganancia personal.

3. *Apartemos tiempo para gozar de la vida.* Esta es la tercera dimensión necesaria para una vida equilibrada. Jesús fue a este hogar a descansar, no a causar tensión. Quería gozar aquellas horas con sus amigos, estar con gente que le amaba. "Sólo una cosa es necesaria", dijo él (v. 42). Los goces simples de la vida producen las más profundas satisfacciones.

No sé por qué algunos cristianos tienen la tendencia de pensar que eso de agotarse es espiritual, que si nos "quemamos" sirviendo al Señor somos mejores siervos. ¡Eso no es cierto! Jesús y sus discípulos buscaron el tiempo para apartarse de lo cotidiano y descansar (Mar. 6:31). La vida no es para "sufrirla", sino para disfrutarla (cf. Ecl. 3:12, 13; 9:7-9). Si el trabajo no es compensado con el esparcimiento, la vida que entonces vivimos es de mucho menos calidad que lo que Dios quiso.

Quizá es hora de levantar el pie del acelerador y apartar tiempo para disfrutar la vida que Dios nos ha dado. Si su trabajo se ha convertido en una carga, necesita aliviarla. Le propongo algunas sugerencias que le ayudarán a gozar de la vida.

— Luche por ser excelente, no perfecto. Esté satisfecho cuando haya hecho lo mejor que podía. Recuerde que sólo Dios es perfecto.

— Viva un día a la vez (Mat. 6:34).

— Deje márgenes a su vida. Esto le permitirá manejar los imprevistos sin destruir su programa diario ni su paz mental.

— Aprenda a reírse de sí mismo y de los inconvenientes de la vida.

Jesús dijo que *nosotros* escogemos cómo va a ser nuestra vida (v. 42). Otras personas y las circunstancias de la vida no determinan nuestro estilo de vida. Cristo quiere que nuestras vidas sean equilibradas. Tal balance comienza con él.

19
Resolvamos los problemas a la manera de Dios
Juan 6:1-13

Una de las pruebas del liderazgo espiritual es la manera en que enfrentamos y resolvemos los problemas. Hallar la manera de alimentar a cinco mil personas prueba la fe y la sabiduría de cualquier líder. Los discípulos sugirieron a Cristo que despidiera a las personas y dejara que cada una encontrara su propia comida, pero el Señor rechazó esta solución. El dinero no era la respuesta, aunque mucha gente en nuestras iglesias todavía piensa que el dinero puede resolver cualquier problema. Andrés encontró a un jovencito con algo de comida, pero, ¿qué era aquello para tantos? Hay cinco pasos que podemos dar cuando encaramos un problema.

1. *Debemos creer que el Señor tiene una solución.* La frase clave en este relato se halla en el versículo 6: ". . . porque él (Jesús) sabía lo que había de hacer". Es alentador para nosotros como líderes saber que nuestro Señor tiene ya la solución para cada problema. Jesucristo nunca se encuentra en la situación de no saber qué hacer. Nuestro error es que intentamos hacer lo mejor a fin de resolver los problemas *por* él, cuando él tiene un plan perfecto y lo tiene todo bajo control.

Requiere fe, por supuesto, de nuestra parte admitir que el problema tenga incluso una solución. Cuando los apóstoles echaron un vistazo a aquella multitud hambrienta y después contabilizaron sus escasos recursos, estaban dispuestos a renunciar. Qué fácil es mirar a Dios a través de nuestras limitaciones, cuando deberíamos mirar a las circunstancias desde la perspectiva ventajosa de Dios. Cuando ponemos a Dios entre nosotros y el problema, el Señor se agiganta y el problema se empequeñece. Pero cuando ponemos el problema entre nosotros y el Señor, hace que Dios parezca muy pequeño. Este es, pues, el primer paso en la resolución de nuestros problemas. Debemos creer que el Señor sabe lo que está haciendo y que él tiene una respuesta para cada problema que enfrentamos.

2. *Debemos calcular todos nuestros recursos y entregárselos al Señor.* Aquello que nos parece que no es bastante, puede ser más que suficiente si lo ponemos en las manos del Maestro. El milagro de alimentar a los cinco mil se realizó en las manos de Jesús, no en las de los discípulos. Fue Cristo quien bendijo el pan y los peces, fue él quien partió el alimento, y fue él quien se lo entregó a los hombres para que lo distribuyeran. Los discípulos fueron una parte de la bendición pero el milagro fue realizado completamente por el Señor. El segundo paso es poner todos nuestros recursos en las manos de Jesús y escuchar sus orientaciones.

3. *Debemos estar disponibles para hacer lo que Jesús quiera que hagamos.* Felipe quiso dar consejos al Señor acerca de sus finanzas (estuvo "calculando el costo"), pero el Señor no necesita consejos. "Porque, ¿quién entendió la mente del Señor?" (Rom. 11:34). Andrés llevó al muchacho con su almuerzo, aunque no muy convencido de que sirviera para algo. Pero cuando Jesús comenzó a dar órdenes, los discípulos obedecieron, y ¡Dios hizo el milagro!

Si confiamos en el Señor mientras que hacemos lo "posible", Dios entrará en acción y hará lo "imposible". Jesucristo levantó a Lázaro de la muerte, pero no hasta que los hombres retiraron la piedra que cerraba el sepulcro. Jesús curó al hombre ciego, pero no hasta que el hombre fue al estanque de Siloé y se limpió el barro de sus ojos. Nuestra fe es probada por nuestra obediencia. Si estamos disponibles para Jesús y somos obedientes a su Palabra entonces él puede obrar a nuestro favor. El hace los milagros y nosotros realizamos el servicio. Dios tiene que usar todavía seres humanos para llevar a cabo su obra en el mundo, por lo que el tercer paso para resolver los problemas consiste en nuestra disponibilidad y voluntad de hacer el trabajo.

4. *Debemos pensar primero en otros.* Un paso importante para solucionar un problema a la manera de Dios es considerar y atender las necesidades de otros, antes de preocuparnos por las nuestras. Sin duda que los apóstoles estaban también hambrientos, pero lo más probable es que sirvieron a la multitud primero y procuraron que nadie se fuera insatisfecho. Después de realizar esta parte, recogieron doce cestas de lo que sobró y que bien podían usar para satisfacer sus propias necesidades. Este suceso es una magnífica ilustración de Mateo 6:33: "Mas buscad primeramente el reino de Dios y su justicia, y todas estas cosas os serán añadidas." Este es un buen consejo para resolver problemas.

5. *Debemos tener cuidado de no desperdiciar la bendición.* Aquellas cestas de restos nos recuerdan que lo que hacemos después que el problema es resuelto es tan importante como lo que hacemos antes de que el Señor nos dé la solución. El último paso requiere la consideración de los resultados y su seguimiento. Hay lecciones para aprender después, pero aparentemente los discípulos no las aprendieron (Mar. 8:14-21). Quizá quedaron tan maravillados por el milagro, o tan ocupados en comer su propia cena, que fallaron en "ingerir" la lección espiritual que Jesús les había puesto delante.

Siempre existe el peligro de malentender una gran victoria. Juan 6:15 nos dice que la gente estaba tan entusiasmada que quisieron apoderarse de él y hacerle rey. En aquella etapa de su vida espiritual los discípulos probablemente habrían coincidido con la multitud. Esta es seguramente la razón por la que Jesús se marchó y envió a sus discípulos a otra parte. Los mantuvo ocupados recogiendo los pedazos que sobraron, mientras él despedía a la multitud aduladora.

El liderazgo cristiano involucra enfrentar y resolver problemas. De esta manera crecemos y así el Señor es glorificado. Cuando los problemas parecen imposibles de solucionar, y cuando nuestros recursos parecen inadecuados, debemos recordar que adoramos al Dios de lo imposible: "He aquí que yo soy Jehová, Dios de toda carne; ¿habrá algo que sea difícil para mí?" (Jer. 32:27). Cada uno de nosotros es una parte del problema o una parte de la respuesta. Nuestra respuesta debería ser: "¡Oh Señor Jehová! he aquí que tú hiciste el cielo y la tierra con tu gran poder, y con tu brazo extendido, ni hay nada que sea difícil para ti" (Jer. 32:17).

20

Donde está el
Espíritu del Señor. . .

Juan 16:7-14

Sabemos que la iglesia nació cuando el Espíritu Santo descendió en Pentecostés (Hech. 2). Sabemos también que el Santo Espíritu mora en cada creyente (Rom. 8:9) y que busca producir fruto en cada una de nuestras vidas (Gál. 5:22, 23). Sabemos que el Espíritu da dones a cada cristiano (1 Cor. 12). De lo que no estamos a veces seguros es de cómo decir si el Espíritu está verdaderamente trabajando en nuestra iglesia.

Muchos programas son buenos y son necesarios en la vida de una congregación. Alabamos a Dios por nuestra escuela dominical, nuestro coro, nuestros programas de jóvenes y nuestros servicios de adoración. Pero es saludable evaluar estas actividades regularmente y preguntarnos: "¿Está el Espíritu de Dios obrando aquí o estamos *nosotros* tratando de producir resultados no necesariamente inspirados por Dios?" La actividad puede llegar a ser un sustituto de un ministerio real, si no somos cuidadosos.

Antes de ir a la cruz el Señor conversó con sus discípulos acerca del ministerio que el Espíritu Santo realizaría. Al meditar en las palabras de Jesús en Juan 16, busquemos la evidencia de que el Santo Espíritu está verdaderamente trabajando en nuestra congregación.

Si el Espíritu nos está guiando, nuestro testimonio será creciente. Uno de los ministerios del Espíritu Santo es convencer a los pecadores: "Y cuando él venga convencerá al mundo de pecado, de justicia y de juicio" (v. 8). A medida que se predica el evangelio y se enseñan las Escrituras, las personas que no conocen todavía a Cristo como su Salvador se harán conscientes de sus pecados y de su necesidad de salvación.

Tenemos que enfrentar algunas preguntas difíciles. ¿Cuánto tiempo hace que no se convierte alguien en nuestra iglesia? ¿Tomamos en serio nuestra responsabilidad de testificar? No queremos tener la reputación de condenar a la gente, sino que quisiéramos ser reconocidos como una iglesia donde las personas conocen a Cristo.

Esto tiene ciertas implicaciones para aquellos de nosotros que hemos sido cristianos por algún tiempo. Si el Espíritu está obrando en nosotros, nuestras vidas estarán marcadas por una creciente pureza. El Espíritu Santo produce santidad, y es una buena señal si él está tocándonos en relación con actitudes erróneas o malos hábitos. Quizá nos está convenciendo de que abandonemos algo que es "bueno" a fin de darnos algo que es mejor. Si el Espíritu de Dios está trabajando, nuestro testimonio crecerá diariamente.

Si el Espíritu está trabajando en nosotros, seremos guiados por la verdad. "Pero cuando venga el Espíritu de verdad, él os guiará a toda la verdad. . ." (v. 13). La "verdad" aquí se refiere a la verdad sobre quién es Jesús, y acerca de la obra que él hizo y todavía hace. Jesús dice que él *es* la verdad (Juan 14:6), y también nos dice que la Palabra de Dios es verdad (Juan 17:17). Al ser guiados por el Espíritu, usará la Escritura para instruirnos y dirigirnos.

El hecho de saber que disponemos de un conjunto de directrices objetivas que podemos seguir al servir a Cristo nos da seguridad. No tenemos que adivinar lo que Dios quiere que hagamos. Ya nos lo ha dicho en la Biblia, y el Espíritu nos va a dirigir a las verdades que necesitamos para cada decisión.

Si el Espíritu nos está guiando tendremos el deseo de probar nuestras decisiones y metas por lo que las Escrituras dicen. Por ejemplo, la Biblia apoya fuertemente a la familia. ¿Somos cuidadosos en programar las reuniones y eventos religiosos de manera que las familias no están fuera de casa todos los días de la semana? El domingo es un día de descanso, un tiempo para la familia. ¿Enfatizamos este principio? ¿Siguen los líderes que determinan el presupuesto y políticas fiscales los principios bíblicos sobre el dar? Donde el Espíritu de Dios guía, nuestras actividades y decisiones serán dirigidas por la verdad de la Escritura.

Cuando el Espíritu se manifiesta poderosamente entre nosotros, vamos a buscar glorificar a Cristo. El versículo que mejor resume el ministerio del Espíritu Santo es Juan 16:14, donde Jesús declara: "El me glorificará..." Todo lo que el Espíritu hace, cada don que concede, todo conocimiento que revela, es para mayor gloria del Señor Jesucristo. El Espíritu Santo nunca llama la atención sobre sí mismo, sino que dirige nuestra atención hacia Jesucristo.

Cuando tomamos decisiones debemos preguntarnos siempre: "¿Glorificará esto al Señor?" Si nos acordamos de hacer tal pregunta, esto es una manifestación del trabajo del Espíritu. Porque después de todo, sólo Jesús es digno de gloria, y las únicas cosas que van a durar por la eternidad son aquellas hechas para su gloria. Si buscamos edificar un gran nombre para nosotros, nuestra iglesia, o nuestro negocio, sofocaremos el Espíritu en nuestras vidas. Pero si trabajamos para la gloria de Dios, el Espíritu bendecirá.

¿Está creciendo nuestro testimonio? ¿Permitimos que la verdad de Dios nos guíe? ¿Es la gloria de Cristo nuestra meta más elevada? La manera en que respondamos a estas preguntas revelará si el ministerio del Espíritu Santo es evidente en todo lo que hacemos.

21

Pescar sin licencia
Juan 21:1-14

Pedro y sus compañeros eran pescadores expertos, pero aquella noche no pescaron nada. ¿Sabe por qué? Debido a que estuvieron "pescando sin licencia". Antes de su muerte Jesús les había dicho que se encontraran con él en Galilea (Mat. 26:32, compárese con 28:7), pero no les había dicho que se fueran a pescar. De hecho, cuando Jesús primeramente llamó a Pedro para ser su discípulo, Pedro y los demás lo dejaron todo para seguir al Señor (Luc. 5:11). Parecía como si ahora volvieran a la vieja vida. No es de extrañar que fracasaran.

Esta es una buena lección para que todos la aprendamos. No importa cuán experimentados o determinados estemos, a menos que el Señor nos dirija, fracasaremos. "Porque separados de mí", dijo Jesús, "nada podéis hacer" (Juan 15:5). A menos que nosotros, como obreros del Señor, recibamos órdenes de su Palabra y busquemos su bendición en oración, todos nuestros esfuerzos serán en vano.

Otra lección que podemos sacar del error de Pedro es que los siervos de Dios debemos aprender a esperar. Para algunos de nosotros eso de esperar es más duro que el trabajar. Jesús prometió encontrarse con ellos en Galilea, pero él no llegó cuando ellos pensaban que lo haría. A los pescadores nunca les gusta sentarse y no hacer nada, de forma que pidieron prestada una barca y se adentraron en el mar de Galilea, a donde habían ido a pescar frecuentemente.

Satanás se regocija cuando los siervos de Dios corren adelantándose a la voluntad de Dios. El enemigo estimula la impaciencia. Moisés corrió adelantándose al Señor y mató a un hombre. Josué quiso anticiparse al Señor y sufrió una derrota humillante en Hai. El rey Saúl falló en esperar la hora de Dios y, en consecuencia, perdió su corona. "No seáis como el caballo o como el mulo. . ." nos amonesta el Salmo 32:9. El caballo quiere adelantarse y el mulo quiere quedarse atrás. Uno es impetuoso y el otro es terco, y los dos pueden estar equivocados.

Como líderes en la obra de Dios debemos aprender a esperar en el Señor. No importa cuán interesante pueda ser una idea, es importante que Dios nos otorgue su luz verde; de otra manera estaremos pescando toda la noche y no atraparemos nada. Pedro era sincero, pero dirigió mal a sus compañeros, debido a que no dedicó el tiempo suficiente para esperar la dirección de Dios.

¿Se ha dado cuenta que estos hombres fracasaron haciendo algo familiar en aguas conocidas? Habían pescado en aquellas aguas cientos de veces, de forma que lo que hicieron aquella noche no era nuevo para ellos. Pero fracasaron. Algunos de nosotros hemos sido líderes de la iglesia por muchos años. Hemos participado en muchas reuniones y tomado docenas de decisiones. En otras palabras, estamos pescando en aguas conocidas, y sería muy bueno que no cayéramos en el exceso de confianza.

Este fue el error de Josué cuando trataba de capturar Hai (Jos. 7). Acababa de alcanzar una gran victoria en Jericó, de forma que la batalla de Hai no presentaba mayor dificultad. Después de todo Josué había estado guerreando desde que Israel salió de Egipto (Exo. 17:8-16), y era un general experimentado. Pero su familiaridad con la guerra le llevó al exceso de confianza, y esto le acarreó la derrota.

Tengamos cuidado de no fracasar en aguas conocidas. Toda nuestra experiencia puede resultar en contra nuestra si no esperamos en el Señor y le permitimos a él tener control.

Esta historia termina con una nota de esperanza: Jesucristo puede transformar nuestras derrotas en victorias. De hecho, la victoria puede estar mucho más cerca de lo que pensamos. Cuando los discípulos echaron sus redes al otro lado de la barca ¡pescaron 153 peces!

¡Qué fácil hubiera sido para el Señor regañar a sus errados discípulos! En su lugar, los bendijo e incluso los alimentó. Usted y yo —obreros del Señor— tomaremos frecuentemente decisiones equivocadas y nos embarcaremos en aventuras no convenientes. Aunque el Señor puede permitirnos ir por nuestro propio camino para enseñarnos una buena lección, nunca nos dejará ni se olvidará de nosotros. Nos ama demasiado para hacerlo.

Jesús se acercó a sus discípulos aunque ellos no le reconocieron, y les ayudó a salir de la mala situación en que se habían metido debido a su desobediencia. *Pero primero tuvieron que admitir que se habían equivocado.* ¡Eso es importante! Una vez que ellos pusieron todo en sus manos, él los restauró. Esto no debe ser una excusa para desobedecer nosotros, pero es ciertamente de ayuda cuando hemos corrido adelantándonos al Señor y necesitamos desesperadamente su ayuda.

Es un privilegio ser obreros con y para el Señor. Asegurémonos de que recibimos *sus* órdenes para nosotros. Puede ser muy peligroso ir a pescar sin licencia.

22

Cómo seguir a Jesús
Juan 21:15-23

Pedro pensó que era un buen y leal seguidor de Cristo. El fue el primero en confesar a Jesús como Mesías (Mat. 16:16). Presumió de que él nunca negaría a Cristo (Mar. 14:29-31). Sin embargo, en la noche de la traición y arresto de Jesús, Pedro se comportó como un cobarde y un traidor. Seguir a Jesús demanda mucho más que el hacer entusiastas afirmaciones teológicas y declaraciones de lealtad.

Al fallar Pedro como un "pescador de hombres" volvió al mar para pescar (Juan 21:3). Le fue mal, hasta que llegó Jesús y proveyó de una gran captura de peces. Cristo incluso preparó el desayuno para los discípulos. El momento estaba listo para que Jesús y Pedro hablaran. Su conversación trató acerca de cómo seguir a Jesús. Esta es una lección que todos necesitamos aprender. Para seguir a Jesús debemos cumplir con los tres requerimientos que se señalan en este pasaje:

Necesitamos un corazón dedicado a Cristo. Tres veces Jesús preguntó a Pedro sobre su amor por él (vv. 15-17). Nuestros corazones son el centro de nuestras vidas. Las actitudes que nosotros permitamos que crezcan en nuestros corazones afectan el resto de nuestras vidas.

¿Amamos de verdad a Jesús? Antes de poder seguirle, debemos responder honestamente dicha pregunta. Jesús se la hizo a Pedro tres veces. En el versículo 15, Jesús pregunta: "Pedro, ¿cuán profundamente me amas?" Pedro se había jactado de que su amor era más fuerte que el de los otros discípulos. Ahora estaba aprendiendo que no podemos compararnos con otros creyentes. Cada uno tenemos nuestra relación especial con Cristo.

En el versículo 16 Jesús le pregunta a Pedro: "¿Me amas por lo que soy?" Hubo un momento cuando Pedro no quería saber nada de un Cristo crucificado. Tuvo que aprender a amar a Jesús como él era, no como Pedro quería que él fuese. Cristo quiere que amemos al Jesús *real*, no lo que nos imaginamos de él.

En el versículo 17 Jesús le pregunta: "¿Me amas todo lo que eres capaz?" Quizá nuestro amor no es tan profundo como quisiéramos, pero Jesús quiere lo mejor que tenemos. Nunca pide más de lo que podemos dar, pero sí reclama lo mejor de nosotros. Nuestro amor por Jesús es también probado por nuestras acciones. A Pedro le fue dicho: "Apacienta mis ovejas."

Necesitamos una voluntad sometida a Cristo. En el pasado Pedro quiso decirle a Jesús lo que tenía que hacer (Mat. 16:22). Según Juan 21:18, 19, Jesús establece claramente que él solo es quien da órdenes, incluida la indicación de que Pedro finalmente dará su vida en el servicio a Cristo (v. 19).

Los cristianos sabemos la lucha interior que sostenemos sobre quién gobernará nuestras vidas. Podemos resentir o resistir la autoridad de Jesús, pero la única manera en que podemos seguirle es sometiéndonos a él.

Cristo dijo a Pedro que él moriría como un mártir. Y el comentario de Juan sobre tal declaración es que la muerte de Pedro glorificaría a Dios. Esa gloria divina es lo que motiva a todos los seguidores de Cristo. La muerte nos atemoriza, pero Cristo gobierna incluso nuestra muerte.

El lugar más seguro donde el cristiano puede estar es en la voluntad de Dios. ¿Quién elabora la agenda de tu vida? ¿Y la de tu iglesia? ¿Le pedimos a Cristo que rubrique las decisiones que ya hemos tomado nosotros? ¿O le pedimos a él que decida el camino y que nos guíe a través de las Escrituras por su Epíritu?

Necesitamos que nuestros ojos estén enfocados en Cristo. Inmediatamente después que le fue pedido que siguiera a Jesús, Pedro miró a Juan y preguntó: "Señor, ¿y qué de éste?" (v. 21).

Es humano preguntar, pero esta es una pregunta equivocada. Jesús sólo nos habla de su voluntad para nosotros, nunca nos dice lo que corresponde a otro. Nuestro lugar es el de discípulo, no el de Dios. Jesús efectivamente le respondió a Pedro: "¿qué a ti? Sígueme tú" (v. 22).

Si uno pone su mirada en Cristo, él se preocupará de los demás. Dos de las maneras más rápidas de dejar de seguir a Cristo son competir con otros creyentes y compararse con ellos. Se produce uno de estos dos resultados: Se saca un falso sentido de orgullo porque uno se cree superior o se desanima porque se ve inferior. Pero la medida con la que debemos medirnos es el Señor Jesucristo. Es la única forma correcta de determinar nuestro crecimiento espiritual.

Si conservamos nuestra mirada en Cristo, no nos extraviaremos. Un viejo refrán del béisbol, dice: "No pierdas de vista la pelota", pero cada temporada vemos jugadas rutinarias que se transforman en errores porque alguien "perdió" la pelota. Resistamos la tentación de enfocar nuestra mirada en otros cristianos antes que en Cristo.

Jesús nos dice: "Sígueme." A fin de cumplir esto, nuestros corazones deben pertenecerle, nuestras voluntades estar sujetas a la suya, y nuestros ojos solamente puestos en él. Si no estamos siguiendo a Cristo, estamos yendo detrás del líder equivocado.

23

Cuando el
Espíritu de Dios obra
Hechos 2:1-13

Una mujer invitada a una conferencia bíblica de verano en Canadá, quedó tan emocionada por la abundante espuma que gozó en su baño diario que preguntó al gerente si ella podría adquirir una caja de aquel jabón. Cuando llegó a su casa descubrió que tenía abundancia de jabón, pero nada de espuma. El secreto no estaba en el jabón, sino en el agua.

Al igual que esta equivocada mujer, muchas personas sinceras en la iglesia se enfocan en lo incidental en vez de lo esencial, en lo superficial más que en lo profundo. Esto es especialmente cierto en relación con la doctrina del Espíritu Santo y su venida en el día de Pentecostés. Aquel día sucedieron cosas milagrosas, pero debemos ser cuidadosos no sea que prestemos excesiva atención a los signos externos y perdamos el mensaje de dichos milagros.

Entenderemos mejor lo que el Espíritu de Dios quiere hacer por nosotros y por nuestra iglesia si comprendemos el significado de los tres símbolos que encontramos en el pasaje: El viento (v. 2), el fuego (v. 3) y el vino (v. 13).

El viento. No se nos dice dónde estaban los creyentes cuando el Espíritu vino sobre ellos. Quizá estaban en el Aposento Alto, o pueden haber estado en una de las partes del templo. De pronto oyeron el sonido de un viento recio. No se dice que sintieran el viento, sólo escucharon su sonido, pero les transmitía un sentido de un poder que daba vida.

A semejanza del Espíritu de Dios, el viento es invisible pero poderoso. Tanto en hebreo como en griego la palabra "viento" es la misma que la palabra para "Espíritu". Jesús comparó la obra del Espíritu al movimiento misterioso del viento (Juan 3:8). Podemos sentir el viento y observar lo que hace, pero no podemos explicarlo o controlarlo.

El viento es una fuente de vida. Sin el movimiento del aire (viento) en nuestro mundo, los seres vivos morirían. El viento refresca y ayuda a eliminar la contaminación. ¡Cuánto necesitamos el "viento del Espíritu" en nuestras iglesias hoy! Es muy fácil para nosotros acumular aire viciado e incluso acostumbrarnos a respirarlo. Necesitamos que sople sobre nosotros el poder y la frescura del viento del cielo.

El fuego. El Espíritu Santo está también simbolizado por el fuego. Notemos que la gente vio "lenguas de fuego". G. Campbell Morgan dijo que la lengua de fuego es la mejor imagen de la iglesia porque expresa cuál es realmente el ministerio de la iglesia: Proclamar el mensaje del evangelio a todo el mundo.

Cuando pensamos en el fuego pensamos en la pureza. Cuando el Espíritu de Dios está obrando él expondrá el pecado y buscará destruirlo. De hecho, uno de los nombres del Espíritu Santo es "soplo quemante" (Isa. 4:4, V.P.[1]). Pero el fuego también nos recuerda algo cálido, y cuando el Espíritu nos controla tendremos un mayor amor los unos por los otros y por el Señor.

El fuego habla de poder, y necesitamos el poder del Espíritu si queremos dar testimonio de Cristo (Hech. 1:8). El fuego también ilumina. El Espíritu de Dios da luz a la Palabra de Dios y también a nuestro camino cuando buscamos seguir la dirección del Señor.

Cuando combinamos fuego y viento se forma una hoguera. "Fuego vine a echar en la tierra. . ." dijo el Señor Jesús (Luc. 12:49). Dios quiere que compartamos su fuego en el mundo entero.

El vino. La tercera imagen del Espíritu es vino. Algunos de los escépticos en la multitud dijeron burlándose de los creyentes:

"Están llenos de mosto" (v. 13). ¿Por qué dijeron tal cosa? Porque escucharon a los cristianos llenos del Espíritu alabar al Señor por sus obras maravillosas y los oyeron en todas las lenguas habladas por "varones piadosos, de todas las naciones bajo el cielo". ¡Fue ciertamente un milagro!

Si un grupo de no creyentes visitara el servicio de adoración de una iglesia normal de hoy, es dudoso que acusaran a los creyentes de estar llenos de vino. ¡Embalsamados, quizá; pero no embriagados! ¿Por qué? Porque no estamos llenos del Espíritu y rebosando de alabanza al Señor. Pablo nos manda que estemos llenos del Espíritu (Ef. 5:18), y señala que una de las evidencias de esta plenitud es el canto de alabanzas al Señor. Para los judíos de entonces, el vino era un símbolo de gozo (véase Sal. 104:15), y uno de los frutos del Espíritu es gozo (Gál. 5:22).

Aquí tenemos tres dones maravillosos que el Espíritu quiere dar a nuestras vidas y a nuestra iglesia: la frescura y el poder del viento, la pureza y calor del fuego, y el gozo que viene con su plenitud. Estemos seguros de que todas las cosas son hechas "decentemente y con orden" (1 Cor. 14:40), y debemos estar alertas a substitutos manufacturados. Pero si abrimos nuestra vida al Espíritu y le permitimos que él tome control, nos traerá una nueva frescura, poder y gozo a nuestras vidas, y Cristo Jesús será glorificado.

---

1. Véase la nota al pie de la página en la versión *Dios habla hoy* de la Biblia. La expresión en la versión del Rey Jaime en inglés dice "Spirit of burning".

24

Cultivemos la actitud correcta
Romanos 12:16

El tener una actitud buena hace la vida mucho mejor. Si usted disfruta con su trabajo, resulta fácil empezar el día con una perspectiva positiva. Pero si aborrece el limpiar la casa y se despierta para enfrentarse con una casa hecha un desastre, o no le gusta su jefe o la rutina de su tarea, puede ir a través del día con el ceño fruncido o con una nube de tormenta sobre su cabeza.

Cuando las personas viven y trabajan juntas es inevitable el que aparezcan los conflictos. La gente son individuos y frecuentemente están en desacuerdo bien sea en cuanto a la música, la televisión, el menú de la cena o la versión de la Biblia que leen. Los desacuerdos entre creyentes pueden producir malas actitudes hacia la iglesia u otros cristianos y, sin embargo, se nos dice que el pueblo de Dios debe ser conocido por su unidad. El cultivar las actitudes correctas puede ayudar a preservar la unidad y el compañerismo, incluso cuando no estamos de acuerdo en cosas concretas.

Romanos 12:16 dice: "Unánimes entre vosotros; no altivos, sino asociándoos con los humildes. No seáis sabios en vuestra propia opinión." En este pasaje Pablo indica tres actitudes que cada cristiano debería cultivar.

Armonía. Necesitamos, primeramente, cultivar una actitud de armonía. Cuando Pablo nos dice: "Unánimes entre vosotros", nos insta a enfatizar lo que tenemos en común. Tenemos el mismo Padre celestial, el mismo Salvador, y el mismo Espíritu Santo mora en nosotros. Estamos juntamente comprometidos a someternos a la autoridad de las Escrituras. Como miembros de nuestra iglesia compartimos un ministerio común y metas comunes.

La armonía es una cualidad frágil. Se requiere sólo un violín fuera de tono para que toda la sección de instrumentos de cuerda de una orquesta suene discordante. Un cristiano con una actitud amarga puede trastornar una congregación. Los celos pueden deshacer el espíritu de unidad. La tolerancia del pecado puede arruinar el espíritu de armonía entre creyentes, como también lo puede hacer la falta de oración o amor. Dado que necesitamos armonía, debemos reconocer que es posible estar en desacuerdo sin ser desagradables (las formas de lograrlo se explican en el capítulo siguiente).

Humildad. A continuación Pablo nos dice: "no altivos". Necesitamos cultivar una actitud de humildad. Este es un amable recordatorio de que ningún creyente es superior a ningún otro creyente, sin importar cuánto hayamos logrado o experimentado. Aquí es donde necesitamos seguir muy de cerca el ejemplo de nuestro Señor Jesucristo (Fil. 2:5-8). Jesús se sujetó a la voluntad del Padre, se hizo siervo y fue obediente hasta la muerte. *Eso* es humildad y es la actitud que debemos desarrollar.

El orgullo es muy destructor. Cuando uno que canta en el coro empieza a pensar que sus habilidades son superiores a las de los demás, las dificultades están a la puerta. Cuando un pastor, diácono o líder siente que lo que él hace es lo más importante en la iglesia, prepárese. La iglesia de Jesucristo no es para desarrollar una sociedad clasista o un sistema de castas. Cuando el Espíritu vino y la iglesia nació, todas las distinciones fueron barridas: "Ya no hay judío ni griego; no hay esclavo ni libre; no hay varón ni mujer; porque todos vosotros sois uno en Cristo Jesús" (Gál. 3:28).

Dios ha dado dones a cada cristiano, y cada persona y sus dones son necesarios. Se requiere todo el pueblo de Dios para formar el cuerpo de Cristo, y cada uno es tan importante como cualquier otro.

Honradez. Una tercera actitud que debemos cultivar es honradez: "No seáis sabios en vuestra propia opinión." Quiere decir que no seamos presuntuosos o engreídos. A nadie le cae bien el "sabelotodo", pero tampoco agradan los ignorantes. Dios ha dado a algunas personas bellas voces para usarlas en glorificarle. Cuando una persona con un talento así canta y nos es de bendición, deberíamos agradecérselo. Pero quizá alguno en la audiencia puede omitir las gracias, implicando con ello que la actuación no fue tan sobresaliente. ¡Eso no es honradez! Dios dio el talento y deberíamos ser abiertos en nuestro aprecio. Otro cantor puede decir: "gracias" en un tono envidioso, indicando que las gracias no salen del corazón. Eso tampoco es honradez. Los dones de Dios no deben ser menospreciados en otros. Debemos reconocer con honradez los dones que Dios ha dado a todos, dar gracias por ellos, y usarlos para su gloria.

Tener una actitud de honradez significa que está dispuesto a someter sus ideas y planes a otros cristianos para evaluación. Dice el proverbio que hay sabiduría en el consejo de muchos. Muchos cristianos han evitado fracasar o quedar avergonzados porque estuvieron dispuestos a escuchar críticas honestas.

Estas tres actitudes: armonía, humildad y honradez reflejan la actitud más importante de todas, nuestra actitud hacia el Señor Jesucristo. Allí donde la gente ama al Señor y le da el más alto lugar, encontraremos siempre armonía, humildad y honradez en toda su extensión.

25

Cuando las personas buenas disienten
Romanos 14

Los relatos bíblicos, la historia de la iglesia y nuestra propia experiencia personal son testigos del hecho de que gente buena y piadosa tiene sus desacuerdos. Sin embargo, no debe permitirse que la diversidad de opinión sobre asuntos menores termine en divisiones que creen problemas mayores y cismas en el cuerpo de Cristo. Debemos aprender a disentir sin ser enemigos, si es que queremos servir al Señor juntos y glorificar su nombre.

Los creyentes en Roma a quienes Pablo escribe no estaban de acuerdo acerca de cuándo adorar y qué comer. Muchos creyentes judíos todavía guardaban algunas de sus dietas y festividades tradicionales, mientras que los gentiles gozaban en sus reuniones su libertad en Cristo. ¿Cómo los aconsejó Pablo? No fue, por supuesto, dándoles una lista de reglas. Las normas pueden producir uniformidad, pero nunca pueden crear unidad. No, Pablo apeló a su amor y les dio algunos principios eternos para guiarles en sus relaciones personales. De estos principios que encontramos en Romanos 14 podemos elaborar una lista de "preguntas de inventario" que nos ayude a examinarnos y a fortalecer nuestras propias relaciones cuando nos encontramos en desacuerdo.

1. *¿Cuál es la actitud de mi corazón hacia mi hermano?* (vv. 1-4). Si empezamos con orgullo, eso nos llevará a juzgar, y esto sólo creará mayor desacuerdo y división. Debemos empezar con

amor y estima mutua. Los creyentes más fuertes no deben menospreciar a los más débiles, ni tampoco el débil debe juzgar al fuerte. Mientras exista una actitud de amor y aceptación mutua, podemos orar juntos, dialogar sobre nuestras diferencias y llegar a una conclusión satisfactoria, porque "el cumplimiento de la ley es el amor" (13:10).

2. *¿Conozco realmente los hechos?* (v. 5). Demasiado frecuentemente tomamos nuestras decisiones sobre la base de los prejuicios y de las opiniones personales más que sobre la base de los hechos y de la revelación bíblica. Si ya hemos tomado una decisión en nuestra mente, no tiene ni siquiera sentido el escuchar a nuestro hermano cuando él presenta su punto de vista sobre el asunto. El creyente honrado no puede estar "completamente convencido" hasta que examine a fondo el asunto desde todos los ángulos.

3. *¿Busco agradar a Dios o a mí mismo?* (vv. 6-9). La idea clave en estos versículos es que pertenecemos al Señor y, por lo tanto, debemos agradarle. La iglesia no nos pertenece, le pertenece al Señor. Debemos recordar esto cada vez que decimos "nuestra" iglesia. Todos los creyentes le pertenecen al Señor, y debemos ser muy cuidadosos en cómo tratamos la preciosa propiedad de Dios. Es muy fácil engañarnos a nosotros mismos pensando que nuestra voluntad es la voluntad de Dios. Si deseamos sinceramente agradar al Señor, no estaremos temerosos de escuchar a otros y considerar otras opiniones sobre el asunto.

4. *¿Estoy listo para rendirle cuentas a Dios?* (vv. 10-12). Una cosa es debatir un asunto con un comité u otro creyente, pero, ¿qué diré cuando me encuentre con Jesucristo? ¡Qué momento tan solemne será! Tengo que recordarme a mí mismo que no tendré que responder por *usted*, sino sólo por mí mismo. En tal rendición de cuentas nada quedará escondido, incluidos los motivos de nuestros corazones. Necesitamos comportarnos hoy de tal manera que no quedemos avergonzados cuando estas cosas salgan a la luz delante del "tribunal de Cristo".

5. *¿Estoy hiriendo a otros con mi actitud o palabras?* (vv. 13-15). ¿Qué beneficio hay en tener razón en mi pensamiento si

estoy equivocado en mis palabras y actitudes? ¿Puedo edificar la iglesia destruyendo a un hermano? Esto no quiere sugerir que modifiquemos la verdad bíblica para agradar a otra persona, pero sí nos insta a "seguir la verdad en amor" (Ef. 4:15), de manera que a nadie seamos tropiezo. Agraviar a mi hermano o hacerle tropezar, no es actuar al estilo de Cristo Jesús, quien murió por aquel hermano.

6. *¿Tengo las prioridades correctas?* (vv. 16-21). El reino de Dios no se edifica sobre elementos menores como el alimento o la bebida. Lo que es realmente importante es la calidad espiritual de nuestras vidas y ministerios: rectitud, paz, gozo, el ministerio del Espíritu de Dios. El ingrediente esencial no es que estemos de acuerdo en todo, sino que promovamos la paz del pueblo de Dios a medida que nos edificamos el uno al otro en el Señor. Esto no quiere decir: "paz a cualquier precio", porque la sabiduría de Dios es "primeramente pura, después pacífica" (Stg. 3:17). Lo que sí significa es que no debemos destruir la obra de Dios por causas menores. Debemos evitar ser semejantes a los fariseos, que colaban el mosquito y se tragaban el camello (Mat. 23:24).

7. *¿Estoy realmente viviendo por fe?* (vv. 22, 23). ¿Tengo alguna duda de que quizá puedo estar equivocado? Vivir por fe significa permitir a la Palabra de Dios decirme lo que hay que hacer, y tener el testimonio del Espíritu dentro de mí. No todos los creyentes están al mismo nivel de fe o conocimiento, y debemos hacer concesiones. Si Dios me ha permitido a mí alcanzar un nivel más alto que a mi hermano, debo usar mi posición para elevarle, ¡no para hundirle! No puedo forzarle a crecer en su fe, pero puedo animarle amándole y no tratando de imponerle mi fe al demandarle sumisión a un juego de reglas.

Sí, los cristianos tenemos nuestras diferencias; pero dichas diferencias deben ser oportunidades para edificar y no para pelear. No nos investiguemos unos a otros, sino más bien examinemos nuestros propios corazones y vidas y estemos seguros de que *nosotros estamos* bien con el Señor. Entonces estaremos en condiciones de orar juntos, hablar juntos y de tomar las decisiones correctas para la gloria de Dios.

26

Una valoración honrada
1 Corintios 3:9-17

Quizá no pensemos mucho acerca de las "expectativas", pero ellas influyen sobre nosotros cada día. Si esperaba un día hermoso y soleado, pero sale lluvioso, se pone malhumorado. Si el jefe le llama a su oficina y usted espera que le critique, pero en cambio recibe un aumento salarial, se pone contentísimo.

Cada uno tiene sus expectativas en cuanto a la iglesia y sus líderes. Nuestras expectativas determinan, en buena medida, el que nos sintamos o no felices en una iglesia. En 1 Corintios 3:9-23, Pablo nos recuerda que la iglesia es un edificio, y que es de Dios, no nuestro. Las expectativas que importan más para una iglesia son las de Dios.

Este pasaje revela el plan detallado de Dios para una iglesia y nos ayuda a entender lo que él espera ver en nuestra iglesia. Debemos valorarnos a nosotros mismos y ver qué medida damos. La forma más sencilla de hacerlo es formular tres preguntas:

1. *¿Sobre qué estamos edificando?* En los versículos 10 y 11, Pablo habla de los fundamentos del edificio. El único fundamento sobre el cual se debe edificar es Cristo Jesús (v. 11). Los cimientos son la parte más importante de cualquier estructura. Si los cimientos son malos, nada andará bien. El edificio será estable sólo si los cimientos son buenos. Si los cimientos se desmoronan, lo mismo sucederá con el resto.

¿Estamos edificando sobre la verdad de que Cristo Jesús es el Hijo de Dios, quien murió por nuestros pecados en el Calvario y resucitó para darnos vida eterna? ¿Medimos nuestros programas, presupuestos, adoración, música con la medida de la Palabra de Dios? Los cimientos deben ser profundos para poder sostener un edificio grande. Nuestro fundamento debe estar bien arraigado en la persona de Jesús. Nuestra iglesia no puede ir más profundo que donde nosotros estamos espiritualmente como individuos.

2. *¿Con qué materiales edificamos?* Pablo continúa mencionando en los versículos 12-15 la clase de materiales que son usados en el proceso de construcción. El Apóstol nos da primeramente dos categorías de materiales: Aquellos por los que tenemos que cavar (oro, plata, piedras preciosas), y aquellos que los tenemos a mano (madera, heno, hojarasca). Dios busca calidad, valor y durabilidad, y edificar una iglesia así demanda tiempo.

Cuando se edifica una corporación en el mundo secular, se hace con dinero, poder, posición, reputación y manipulación. Dios edifica su iglesia con un estilo opuesto: oración, ofrenda, sacrificio, las Escrituras, el ministerio del Espíritu Santo, amabilidad y servicio. Estos materiales "invisibles", edificados en la iglesia por medio de nuestras vidas, contribuyen a la permanencia de la iglesia eterna.

Viene un día de prueba (v. 13), y entonces se demostrará la calidad de nuestro material. Si hicimos lo que era simplemente conveniente u oportuno, no quedará mucho en pie. Si pusimos a Cristo primero, obedecimos las Escrituras, oramos y nos sacrificamos, recibiremos recompensa (v. 14).

3. *¿Para qué edificamos?* Pablo retrata a continuación la iglesia como el templo de Dios, donde mora el Espíritu de Dios, y nos confronta con la tercera pregunta. La iglesia es el lugar donde mora Dios, donde él es adorado. El es el que debe recibir la gloria. La razón de existir de la iglesia es para la gloria del Rey de reyes y Señor de señores.

Es posible que los hombres usen la iglesia para sus propios fines. Quieren hacerse con la reputación de ser una gran iglesia y obtener reconocimiento como líderes "espirituales". He aquí una buena prueba para descubrir para qué edificamos: Cuando algo bueno sucede, ¿quién recibe el crédito?

Pablo nos advierte en el versículo 17: "Si alguno destruyere el templo de Dios, Dios le destruirá a él." A la iglesia hay que tratarla con respeto; es el edificio *de Cristo,* el cuerpo *de Cristo,* la esposa *de Cristo.* Si nuestra motivación no es la gloria de Dios, quizá estemos demoliendo más que edificando.

Al edificar la iglesia recordemos que Cristo Jesús es el fundamento; la verdad espiritual y la integridad son los materiales; la gloria de Dios es la meta. Ahora conocemos las expectativas de Dios. ¿Qué medida da *nuestra* iglesia?

27

Para la gloria de Dios
1 Corintios 10:31

"Si, pues, coméis o bebéis, o hacéis otra cosa, hacedlo todo para la gloria de Dios." Al prepararnos para dirigir los asuntos de la iglesia, debemos considerar cuidadosamente este mandamiento. Cada decisión que tomamos, cada peso que gastamos, debe ser para la gloria de nuestro Padre celestial.

Sin duda que sabemos por qué todo debe glorificar a Dios. El es el ser más grande del universo, y es digno de todo lo mejor de nuestra parte. El es el único ser *digno* de gloria. Dios nos creó para que le glorificásemos, y llegamos a ser lo mejor como seres humanos sólo cuando le glorificamos. Darle gloria es la única respuesta apropiada a la salvación. Y, por último, sólo lo que es hecho para la gloria de Dios permanecerá. Todo aquello que es hecho para gloria del hombre termina decayendo y desapareciendo, pero la gloria de Dios es eterna.

El mandamiento de glorificar a Dios en todo lo que hacemos nos fuerza a examinar nuestro ministerio cuidadosamente. Podemos aplicarnos este mandamiento haciéndonos tres preguntas acerca de nuestras actividades en la iglesia:

1. *¿Por qué estamos haciendo esto?* Buscar la gloria de Dios en todo lo que hacemos nos fuerza a examinar nuestros motivos. Si vamos a servir a Dios, debemos hacerlo partiendo de la motivación correcta.

Los motivos pueden ser un área nebulosa. Muchas veces no estamos seguros de las razones por las que decimos o hacemos algo. Cuando incluso pensamos que nuestros motivos son puros, pueden realmente ser egoístas. Al final de su reinado, el rey David ordenó levantar un censo del pueblo. Su motivo era el orgullo, quería glorificarse a sí mismo, no a Dios. Después que el pueblo fue censado, David se dio cuenta de su pecado. Dios envió una plaga y setenta mil hombres murieron (2 Sam. 24).

Ananías y Safira vendieron una propiedad y dieron una ofrenda a la iglesia (Hech. 5:1-11). Actuaron como si estuvieran dando todo a la iglesia, cuando en realidad se estaban quedando con una parte para ellos. La motivación para esta mentira fue la codicia y el deseo de ser considerados tan generosos como Bernabé (Hech. 4:36, 37). Dios no estaba recibiendo la gloria, y a Ananías y Safira les costó la vida.

Cuando pensamos en el presupuesto debemos considerar nuestros motivos para gastar o cortar. Quizá un misionero necesita y merece más apoyo, pero alguien con rencor se opone a incrementar dicha suma. En el área de la música, aquellos que cantan o tocan deberían dirigir la atención hacia Jesucristo, no hacia ellos mismos. En todo lo mejor que podamos, debemos estar seguros de que estamos motivados por el amor a Cristo.

2. *¿Son correctos nuestros métodos?* Nuestros métodos también caen bajo escrutinio cuando deseamos glorificar a Dios. No debemos hacer "algo bueno para Dios" de mala manera. Cuando Israel necesitó agua, Dios instruyó a Moisés diciéndole que hablara a la roca, y el agua brotaría (Núm. 20:8). Moisés estaba muy enojado con el pueblo y golpeó la roca en vez de hablarle (vv. 9-11). Aún así, Dios les dio el agua, pero debido a que Moisés no honró a Dios delante del pueblo, le fue negado el entrar en la tierra prometida.

La obra de Dios debe hacerse a la manera de Dios. Las iglesias deberían seguir buenas normas de administración, pero no deben ser administradas como lo son los negocios en el mundo secular. Hay un mundo de diferencia entre una empresa y el ministerio. Las almas deben ser ganadas por medio del amor y del testimonio en oración, no por medio de técnicas de ventas a presión. Los métodos que empleamos para conseguir dinero y administrarlo, para reclutar colaboradores, para aplicar disciplina, deben conformarse con las Escrituras.

Algunas veces los métodos de Dios nos sorprenden, y nos inquietan. A Gedeón le fue dicho que tenía que luchar contra el enemigo con sólo trescientos hombres, cántaros, antorchas y trompetas. Un equipo poco prometedor, pero ¡funcionó! (Jue. 7).

3. *¿Qué estamos tratando de lograr?* Al buscar glorificar a Dios, debemos examinar también nuestras metas. Para algunos ministerios, su meta principal es proyectar una imagen de éxito y conseguir que los ingresos fluyan. Otras parece que existen para promover a una persona, un líder humano. El mandamiento que estamos considerando nos enseña que nuestra meta es ensalzar a *Dios*.

Cuando perdemos de vista dicha meta, vamos camino de caer en dificultades. ¿Recordamos el incidente de Éxodo 32 cuando Aarón hizo el becerro de oro? ¿Cuál era su meta? No era conservar al pueblo fiel a Dios, tampoco obedecer la ley de Dios. Lo hizo para escapar de una situación tensa. Moisés llevaba bastante tiempo ausente en el monte Sinaí, y el pueblo presionó a Aarón a que hiciera algo. Lo que hizo dañó su propio testimonio, como también falló en dar gloria a Dios. Cuando la meta es glorificar a Dios, haremos lo que es recto, aunque no sea fácil.

Juan escribió acerca de un líder de la iglesia llamado Diótrefes (3 Jn. 9, 10). Parece que Diótrefes no estaba preocupado con la gloria de Dios, sólo estaba interesado en lograr poder personal. Sus palabras y acciones causaron problemas en la iglesia. Donde Dios es glorificado, hay armonía.

Podemos tener metas más bajas que glorificar a Dios, y alcanzarlas. Pero eso que logramos no perdurará. Sólo lo que es hecho para Cristo permanecerá (1 Cor. 3:14, 15). Necesitamos un sentido de lo eterno cuando establecemos metas, y todo lo que es hecho para Dios *es* eterno.

Cuando preparamos servicios de adoración, elaboramos presupuestos, enseñamos clases, compartimos nuestra fe, cantamos en el coro, resolvemos problemas o predicamos, nuestros motivos, métodos y metas deben glorificar a Dios.

28

¿Cansados de "hacer el bien"?

1 Corintios 15:58
2 Tesalonicenses 3:13

¿Nos cansamos de hacer cosas buenas? Piense acerca de cuidar su jardín. Es agradable al comienzo de la primavera, cuando aparecen los primeros brotes; ¿cómo nos sentimos en agosto cuando las hierbas y los insectos abundan? ¿Y lavar los platos y sartenes? Una tarea sin duda importante, pero bastante aburrida después de la primera década. Pintar la casa es bueno y necesario, pero estamos esperando a que el hijo sea lo suficientemente mayor para que lo haga.

Es un hecho de la vida que nos cansamos de hacer cosas que valen la pena. Tocar el órgano es vital para la adoración, pero los dedos se cansan. El ministerio de la escuela dominical es muy valioso, pero los maestros necesitan vacaciones. La clase de preescolares es una necesidad, pero aun la más dedicada de las maestras suspira por escapar de vez en cuando. Cuando llega ese tiempo de cansancio, ¿cómo debemos manejarlo? Procuremos responder a dos preguntas:

1. *¿Por qué nos cansamos?* Hay varias razones para este cansancio. Algunas veces estamos físicamente cansados. Elías pensó que Dios le había abandonado y que el mundo estaba en contra suya, y quiso morirse (1 Rey. 19:4). Su problema era agotamiento físico, dado que había tenido días muy ocupados (compárese 1 Rey. 18). Dios proveyó a Elías de descanso y buena comida, y pudo proseguir.

El cansancio puede tener también un origen emocional. Quizá ha trabajado mucho con su clase de escuela dominical, pero no ha visto resultados duraderos. El desaliento se apodera de nosotros, y si no hay mejoría, empezamos a desesperarnos. Algunos creyentes tesalonicenses se sentían cada vez más cansados porque otros hermanos no hacían su parte (2 Tes. 3:10-13). Cuando parece como si uno fuera la única persona que se preocupa, es fácil cansarse de hacer el bien.

Puede ser que hayamos pasado por una crisis reciente. Un ser amado ha muerto, o ha tenido que trasladarse, o algunas experiencias placenteras que esperaba no han sucedido. Estas experiencias conllevan una cuota emocional, y si intentamos proseguir como es normal pero con carga extra, el cansancio sobreviene pronto.

Y, por último, hay causas espirituales para este cansancio en el bien hacer. En Malaquías 1:13, Dios acusa a su pueblo de adorar de manera muy superficial. Seguían la rutina, pero no estaban espiritual ni emocionalmente relacionados con Dios. Cuando perdemos el contacto con Dios, perdemos el sentido de estar haciendo algo vital para él. Examine el estado de su momento personal de devoción para ver si el Señor Jesús realmente ocupa el trono de su vida, y no otra cosa.

2. *¿Cómo podemos vencer el cansancio?* Cuando usted identifique señales de estar "cansándose de hacer el bien", no se asuste. ¡Y no se sienta culpable! Nos ocurre a todos. Reconozca que vendrán tiempos de cansancio, pero no tienen por qué permanecer. Duerma un poco más, dedique tiempo a la oración, deje por un tiempo la enseñanza y conviértase en estudiante otra vez. Medite en los siguientes estímulos espirituales y déjelos que penetren profundamente en su corazón:

a. Recuerde que lo que hace es para Dios. Dado que lo que hace es "la obra del Señor" (1 Cor. 15:58), él es responsable por los resultados. Dios sabe la parte que usted juega. El ve cuán fielmente está sirviendo. Nada de lo que hace pasa desapercibido. Aunque nadie se dé cuenta de lo que hace, su Padre celestial sí lo ve y se interesa.

b. Recuerde que lo que hace es útil. En el mismo versículo de 1 Corintios, Pablo nos asegura que "nuestro trabajo en el Señor no es en vano". Mientras que su motivación sea el amor a Cristo y su gloria, Dios bendecirá lo que hace. Siempre hacemos más bien del que nos damos cuenta. Está en la naturaleza del trabajo espiritual que los resultados sólo se vean con el paso del tiempo. No abandone la tarea que el Señor puso en sus manos, ¡trabaje y espere! Puede ser que en cinco años, el adolescente que ahora es un dolor de cabeza, sea llamado a ser un misionero.

c. Recuerde que lo que hace para Dios siempre lleva fruto: ". . . porque a su tiempo segaremos, si no desmayamos" (Gál. 6:9). Requiere tiempo llegar a la estación de la cosecha. Si estamos plantando fielmente la semilla, la cosecha *vendrá*. Y una de las leyes de la cosecha es que recogemos más de lo que sembramos. Las oraciones y la compasión, fidelidad a Cristo y confianza en el Espíritu producirán frutos admirables.

Estas Escrituras no nos piden hacer más; sólo nos animan a continuar haciendo bien aquello que estamos haciendo. Habrá momentos en los que nos preguntaremos si merece la pena el esfuerzo, o si no será lo más sabio abandonar. Recordemos: Lo hacemos para Dios, y en su poder habrá una rica cosecha.

29

¡Actúe conforme
a su edad!
1 Corintios 16:13, 14

La exhortación que Pablo nos da aquí de "portaos varonilmente" significa, en el lenguaje de cada día, ¡actuar conforme a nuestra edad! ¡Ser adultos! ¡No actuar como niños! El último recordatorio de Pablo a los corintios fue el de que ya era tiempo de crecer. Habían estado escuchando el mensaje de salvación por suficiente tiempo y habían tenido estupendas oportunidades de madurar en el Señor, pero todavía eran niños espirituales (1 Cor. 3:1-4). No nos sorprende que tuvieran tantos problemas en su compañerismo.

La obra tan importante de Dios demanda lo mejor que podemos dar. La iglesia no está ministrando en un parque para niños; está combatiendo en un frente de guerra donde debe enfrentar los ataques del enemigo y buscar ser "más que vencedores" para la gloria de Dios (Rom. 8:37). Conocemos el precio que Jesús pagó para que pudiéramos ser parte de su iglesia, y no debemos atrevernos a considerarlo como algo sencillo. El servicio cristiano es algo muy serio.

Como nunca antes, la iglesia de Dios necesita un liderazgo de mentes adultas. En estos cortos versículos, Pablo nos señala el camino de la madurez espiritual en el servicio del Señor, dándonos cuatro consejos personales.

¡Abrid bien los ojos! "Velad" significa "¡Estad alerta! ¡Estad

en guardia!" Jesús llamó a los fariseos "ciegos guías de ciegos" (Mat. 15:14), y la gente debió de reírse de la ironía de sus palabras. Aunque estamos maravillados de lo que las personas ciegas pueden lograr hacer, preferimos tener guías que puedan ver a donde se dirigen y detectar los peligros del camino. Satanás es como un león, siempre al acecho (1 Ped. 5:8). A nuestro alrededor soplan constantemente "vientos de doctrinas" que pueden crear problemas en la iglesia (Ef. 4:14). Una pequeña cantidad de la "vieja levadura" puede penetrar en la iglesia y trastornar el compañerismo de "panes de sinceridad y de verdad" (1 Cor. 5:6-8). Como líderes, debemos mantener nuestros ojos abiertos y estar prevenidos de los peligros que nos rodean.

También debemos estar al tanto de las oportunidades de ministrar; ". . . alzad vuestros ojos y mirad los campos, porque ya están blancos para la siega" (Juan 4:35). A nuestro alrededor hay puertas abiertas y debemos entrar por ellas antes de que se cierren. Los que dirigimos la obra de Dios estamos frecuentemente tan contentos de "como van las cosas" que fallamos en ver las estupendas nuevas oportunidades que Dios pone frente a nosotros.

¡Estad firmes! El Apóstol nos aconseja que "estemos firmes en la fe". El cómo y dónde estamos determina cómo andamos y dónde trabajamos. Algunos cristianos quieren agradar a todos, de forma que nunca adoptan posturas firmes en nada. Pero como líderes debemos adoptar una posición a fin de que los que nos siguen sepan dónde estamos y adónde nos dirigimos. La postura de Martín Lutero: "Esta es mi posición. No puedo hacer otra cosa. Que Dios me ayude. Amén", es un buen ejemplo que podemos seguir.

Sería bueno que examináramos nuestra posición doctrinal y ratificáramos su validez. El repasar los principios mediante los que funcionamos determinará si estamos obedeciendo la Palabra de Dios. Es cierto que existen áreas en cada ministerio donde gente honrada y piadosa puede estar en desacuerdo, pero hay también verdades básicas en las que todos debemos estar de acuerdo y permanecer firmes juntos. Sólo si sabemos dónde estamos, y si lo sostenemos unidos, podremos derrotar al enemigo y conquistar nuevo territorio para Cristo y el evangelio.

¡Esforzaos! El tercer consejo de Pablo en el versículo 13 es que "seamos valientes y fuertes". Requiere valor el servir al Señor. Un viejo proverbio señala que "nada es imposible para un corazón voluntarioso". Los primeros cristianos supieron que su testimonio de Cristo les traería oposición oficial, persecución, quizá inclusive el martirio, pero ellos sirvieron igualmente al Señor con gran ánimo. El valor elimina los obstáculos y ve sólo la meta. Sin valor, todas las virtudes y habilidades que tengamos resultan relativamente inútiles. Requiere valor y fe dedicar nuestros dones al logro de aquello que Dios quiere que hagamos.

Ambrose Bierce ha definido a un cobarde como "aquel que en una emergencia peligrosa piensa con sus piernas". Pablo nos recomienda estar firmes sobre nuestros pies. La única manera de comportarse así es escuchar a un corazón que está lleno de valor de Dios.

¡Cultivad una actitud amorosa! "Todas vuestras cosas sean hechas con amor" (v. 14). A menos que el valor y el amor residan en el mismo corazón, ambos sufrirán. El valor impide que el amor degenere en sentimentalismo, y el amor hace que el valor sea constructivo y no destructivo. Vemos ambas cualidades bellamente demostradas en la vida de nuestro Señor Jesucristo. El era compasivo y valeroso en todo lo que hacía.

Uno de los énfasis mayores en Primera Corintios es nuestro amor del uno por el otro, y 1 Corintios 13 es quizá la página más hermosa jamás escrita sobre el amor. Los creyentes en Corinto tenían muchos dones del Espíritu, pero carecían de las cualidades del Espíritu. No usaban sus dones para edificar con ellos, sino como juguetes para jugar con ellos, e incluso como un arma para luchar con ella. El resultado fue división en la iglesia, y con la división llegó la corrupción y la deshonra.

El verdadero liderazgo demanda amor. De otra manera tal liderazgo llega a ser egoísta y exigente. El verdadero pastor va delante de las ovejas y *dirige* a las ovejas, no desde detrás del rebaño a empujones y golpes. Incluso cuando tenemos que tomar decisiones fuertes o disentir, debemos hacerlo en amor. Alguien ha dicho que el "amor es el sistema circulatorio del cuerpo espiritual". Cortemos la circulación y el cuerpo se enfermará, y puede morir.

Estos dos versículos son un llamamiento a la madurez cristiana en el liderazgo. Sir Winston Churchill definió una vez la responsabilidad como "el precio de la grandeza". Dios nos ha llamado a desempeñar responsabilidades en su iglesia, y esto demanda madurez. Los líderes efectivos no están interesados en la grandeza personal, sólo en glorificar al Señor Jesucristo. Estemos seguros de que hemos dejado atrás "lo que era de niño" (1 Cor. 13:11) y que estamos creciendo a la semejanza del Señor Jesucristo. Así estaremos mejor preparados para hacer su obra.

30

Cuando Dios cambia nuestros planes
2 Corintios 1:12-20

Algunos miembros de la iglesia de Corinto estaban enojados con Pablo porque había cambiado dos veces sus planes de viaje y les había desilusionado. Les había prometido originalmente pasar el invierno en Corinto y después marchar a Judea para entregar la ofrenda especial de ayuda de parte de las iglesias gentiles (1 Cor. 16:5, 6). Pero después había revisado sus planes y prometió a la iglesia pasar dos veces por Corinto antes de ir a Jerusalén (2 Cor. 1:15, 16). Después de que se hicieron estas ilusiones, Pablo terminó haciendo una rápida y dolorosa visita en un intento por resolver los problemas en la iglesia. Ninguna de sus expectativas se cumplió y las fracciones contrarias de la iglesia utilizaron estos cambios como evidencia de la indecisión e inestabilidad del Apóstol. Se convencieron de que no podían confiar en Pablo. En este pasaje Pablo busca su comprensión, al tiempo que les alivia de sus dudas acerca de su sinceridad.

Los siervos de Dios necesitan ocasionalmente cambiar sus planes al trabajar en la obra de Dios, y esto puede ocasionar malentendidos. En cada grupo, por supuesto, hallamos a aquellos que sólo buscan algo que criticar, y la iglesia de los corintios no fue la excepción. Algunos acusaron a Pablo de ser insincero y descuidado con la verdad. Aparentemente habían dicho que sus cartas tenían un doble sentido, que su "sí" era "no", y su "no" era "sí" (v. 17). Pablo aprendió que el liderazgo nunca es fácil y que es especialmente difícil cuando se tienen que cambiar los planes.

Esta situación crítica en el ministerio del Apóstol nos recuerda que los siervos de Dios debemos saber cómo manejar la incomprensión y la crítica que pueden suscitarse cuando se producen cambios inevitables en los planes. Cuando enfrentamos esta clase de situación, es bueno para nosotros detenernos, hacer un inventario y asegurarnos de que estamos dentro de la voluntad de Dios. Partiendo de las palabras inspiradas de Pablo, hagámonos cuatro preguntas importantes.

1. *¿Tenemos nuestra conciencia limpia?* (vv. 12, 13). La *conciencia* es aquel conocimiento interior del bien que debemos hacer y del mal que debemos evitar. La conciencia es el "juez espiritual" interno que nos aprueba cuando hacemos el bien o nos desaprueba cuando hacemos el mal. La conciencia es la ventana que permite que entre en nosotros la luz de la verdad de Dios. Si la ventana está limpia, se ve la luz resplandecer con todo su esplendor, y sabemos bien lo que es bueno y lo que es malo. Si la ventana está sucia, la luz es parcialmente desviada y la conciencia nos puede extraviar. La Biblia llama a esto una conciencia "corrompida" (1 Cor. 8:7; Tito 1:15).

Sin importarle lo que sus críticos dijeran, Pablo estaba seguro de que su conciencia estaba tranquila. Algunos creyentes en Corinto habían malentendido lo que Pablo había dicho y hecho, pero Dios sabía que su siervo estaba actuando con rectitud y sinceridad. Pablo no había actuado con duplicidad, por lo que estaba listo para defender su integridad.

Es importante que como líderes sigamos el ejemplo de Pablo y "procuremos tener siempre una conciencia sin ofensa ante Dios y ante los hombres" (Hech. 24:16). Ningún cristiano puede mantener una limpia conciencia si es culpable de intrigar y mentir. Billy Graham ha dicho que mucha gente "sigue su conciencia en la manera en que siguen una carretilla: la empujan en la dirección que ellos quieren que vaya".

San Agustín decía que la "conciencia y la reputación son dos cosas diferentes. La conciencia se debe a ti mismo, la reputación a tu vecino". Habrá veces cuando nuestra reputación sufrirá porque somos fieles para con nuestra conciencia. Podemos perder nuestra reputación, pero conservaremos nuestro carácter, y eso es lo que realmente importa.

2. *¿Podemos mirar de frente al Señor?* (v. 14). En este versículo, "el día del Señor" se refiere a aquel tiempo cuando Cristo vuelva y estaremos frente a él para que nuestras obras sean juzgadas. Quizá seamos capaces de engañarnos a nosotros y a otros, pero nunca podremos engañar al Señor.

Es muy importante que obremos hoy a la luz del regreso de Cristo, porque así viviremos con los ojos puestos en los valores eternos. Es consolador saber que Dios conoce la verdad acerca de nuestras vidas y ministerios y que él hará el balance de los libros ante el trono del juicio de Cristo. Las personas pueden malentendernos, pero Dios está siempre examinando nuestros corazones y motivos. El sabe la verdad.

3. *¿Somos serios acerca de la voluntad de Dios?* (vv. 17, 18). Desde el principio de su planificación Pablo sólo buscaba la voluntad de Dios. "Pues espero estar con vosotros algún tiempo, si el Señor lo permite" (1 Cor. 16:7), es lo que Pablo les había escrito, y eso era lo que él quería sinceramente hacer. Pablo no tomaba a la ligera la voluntad de Dios ni la trataba con menosprecio mundano. Para él la voluntad de Dios era lo que estaba por encima de todo en sus planes.

Pero incluso este inspirado Apóstol tuvo que confesar que no siempre sabía cómo orar acerca de la voluntad de Dios (Rom. 8:26). El buscaba la guía de Dios, pero algunas veces sus movimientos eran estorbados por el Espíritu de Dios (Hech. 16:6-8). Pablo daba un paso cada vez y vivía cada día tal como venía, buscando honestamente la voluntad del Señor.

Dios ve nuestros corazones, él conoce la seriedad de nuestra dedicación y nuestro propósito. Debemos tomar las mejores decisiones que podamos con la información y la luz de que disponemos, y debemos dejar el resto al Señor. Si somos serios, el Señor nos guiará.

4. *¿Confiamos en la Palabra de Dios?* (vv. 19, 20). Los acusadores de Pablo sostenían que no se podía confiar en su palabra; que cuando él decía "sí, iré", lo que realmente quería

decir era lo opuesto. Esta era, sin duda, una acusación seria contra un predicador del evangelio, porque un consagrado hombre de Dios no puede separar sus palabras de su vida y su carácter. Nuestro "hablar" y nuestro "hacer" deben concordar, de otra manera seremos considerados como hipócritas.

Pablo puso bien claro que todas las promesas de Dios se cumplen en Cristo. El es el gran "sí" de Dios. Cuando confiamos en su Palabra decimos un "amén" de fe a lo que Dios ha revelado en su Hijo. Si nosotros confiamos en la Palabra de Dios al tomar nuestras decisiones y dependemos de su fidelidad, podemos seguir adelante con confianza, aunque las situaciones cambien y los planes tengan que ser corregidos.

El liderazgo fiel no es fácil. Los líderes que quieren glorificar a Dios y hacer su voluntad son frecuentemente criticados y malentendidos. Incluso los líderes más devotos pueden y de hecho cometen errores. Examinemos nuestros corazones honradamente y estemos seguros de que nuestra relación con Dios es recta. Si esto es así, él tendrá cuidado del resto.

31

Crezcamos en gratitud
2 Corintios 9:15

El pueblo de Dios debe ser un pueblo agradecido. Parece como si muchos cristianos dieran por sentado sus bendiciones en vez de responder con gratitud. Un espíritu de agradecimiento debería marcar nuestras vidas. "¡Gracias a Dios por su don inefable!", nos dice Pablo en el versículo elegido. Al meditar en esta oración de acción de gracias podemos descubrir varias maneras de incrementar nuestro nivel de gratitud.

1. *Nunca se acostumbre a sus bendiciones.* Pablo nunca cesó de maravillarse de que el Padre diera a su Hijo. Esta admiración que el Apóstol sentía le producía un espíritu de constante gratitud. El quejarse es fácil, muchas cosas nos apuran cada día. Se requiere poco esfuerzo o talento para ser un gruñón, ¡pero se necesita carácter espiritual para dar gracias!

En la primera celebración de Acción de Gracias por los peregrinos en Norteamérica, parecía que había más motivos para quejarse que para dar gracias. Muchos habían muerto, la cosecha no fue gran cosa y la casa de la comunidad se había incendiado. Con todo apartaron un día para celebrar la bondad y provisión de Dios. Su visión espiritual les permitió ver bendiciones en medio de sus dificultades.

Considere todo lo que gozamos cada día y cómo disfrutamos de esta abundancia sin apreciarla. Contemos cada bendición y vivamos gozosos.

2. *Recuerde que todas las bendiciones vienen de Dios.* "Gracias a Dios", dice Pablo. Todo lo que tenemos es un regalo que nos viene de Dios. Recibimos todo lo que poseemos por su gracia. Cuando aprendemos a vivir bajo gracia, reconocemos la provisión de Dios para nosotros. Orar juntos por la comida es una manera sencilla de cultivar el hábito de dar gracias a Dios.

Tendemos a pensar en las bendiciones como cosas agradables —ingresos inesperados, salir airosos de situaciones difíciles, oraciones contestadas conforme a nuestras expectativas. Pero incluso las pruebas de la vida estimulan nuestra gratitud, si las aceptamos como algo que nuestro Padre celestial permite para nuestro bien. La frase "sacrificio de acción de gracias" cobra un sentido más profundo cuando somos capaces de dar gracias desde el valle, donde él ha sido fiel.

3. *Recuerde que las mejores bendiciones son espirituales.* Generalmente damos gracias por las bendiciones que podemos ver y tocar, pero las realidades espirituales son mucho más ricas. El "don inefable" del que Pablo habla es el Señor Jesús, la Fuente de todas las bendiciones que recibimos. Consideremos unas cuantas. Gracias a Jesús podemos llamar a Dios Padre nuestro; tenemos la seguridad del perdón de pecados y de la presencia del Espíritu Santo en nosotros. Jesús nos trae la esperanza del cielo, el privilegio de la oración, la experiencia del amor de Dios. Estas son las bendiciones que nos hacen realmente ricos. Evite el error de medir su fortuna en términos de pesos y centavos. ¡Las mejores bendiciones son espirituales!

4. *Acuérdese de compartir sus bendiciones.* La acción de gracias de Pablo concluye un pasaje en el que ha recordado a los corintios las bendiciones que Dios les ha dado y que Pablo ha compartido. En respuesta, los corintios estaban levantando una ofrenda para darla a los santos de Jerusalén. Es un principio básico del pueblo de Dios que las bendiciones deben ser compartidas, no atesoradas con avaricia (vv. 6, 7).

Expresamos mejor nuestra gratitud cuando compartimos con los demás, cuando ponemos más énfasis en el dar que en el recibir. ¿Cómo compartimos nuestras bendiciones? No sólo con bienes materiales, sino con nuestras palabras al alabar a Dios y confortar a otros. "Gracias" debiera ser una palabra esencial en nuestro vocabulario. La amabilidad de cada día revela también nuestro espíritu de agradecimiento. "Más bienaventurado es dar que recibir", dijo Jesucristo (Hech. 20:35). Dar de nuestro tiempo o habilidad, servir donde hay necesidades, ofrecer esperanza y aliento, son evidencias de un corazón agradecido.

Sea cuidadoso de no limitar la acción de gracias a una fecha especial del año. Es una cualidad que debe marcar *siempre* nuestras vidas. Dar gracias y alabar es algo que debemos aprender, una habilidad que aprendemos a medida que el Espíritu Santo enfoca nuestra atención en el Señor Jesús. Mientras que estemos concentrados en Cristo, creceremos en gratitud cada día.

32

"¡Demasiado pronto para abandonar!"

Gálatas 6:9

El doctor V. Raymond Edman, que fue presidente de la Universidad de Wheaton (Illinois), solía recordar a los estudiantes que "siempre es demasiado pronto para abandonar". Este es un excelente consejo, no sólo para estudiantes, sino para cualquiera que esté buscando servir al Señor y llevar a cabo su trabajo. En la obra del Señor *nunca* ha llegado la hora de aflojar en nuestros esfuerzos.

Pablo tenía esta misma idea en mente cuando escribió: "No nos cansemos, pues, de hacer bien; porque a su tiempo segaremos, si no desmayamos" (Gál. 6:9). Cuando estemos tentados a hacer menos que lo mejor, o quizá abandonar por completo, debemos recordar este versículo y las verdades que contiene. Aquí Pablo nos habla acerca de un privilegio, un peligro y una promesa.

Pablo habla acerca de *un privilegio:* "hacer el bien". En esto consiste en definitiva la vida y el servicio cristianos. "Así alumbre vuestra luz delante de los hombres, para que vean vuestras buenas obras, y glorifiquen a vuestro Padre que está en los cielos" (Mat. 5:16). Los cristianos no somos sólo creyentes, somos hacedores. Cumplimos la voluntad de Dios y hacemos su obra para la gloria del Señor.

Jesús mismo "anduvo haciendo bienes" (Hech. 10:38). Cuando usted y yo estamos involucrados en buenas obras, estamos siguiendo en los pasos del Maestro. "Sed hacedores de la palabra, y no tan solamente oidores. . ." nos amonesta Santiago (1:22). "Porque Dios es el que en vosotros produce así el querer como el hacer, por su buena voluntad" (Fil. 2:13). Aunque ciertamente no somos salvos por hacer buenas obras, demostramos la realidad de nuestra salvación invirtiendo nuestras vidas en buenas obras.

Algunas veces los creyentes, especialmente líderes en la iglesia, están propensos a ver el servicio como una carga o tarea. El ministerio cristiano no es fácil; demanda tiempo, esfuerzo y energía. Debemos, sin embargo, darnos cuenta que el ministerio es un privilegio. De otra manera, corremos el riesgo de amargarnos y volvernos criticones, y entonces nuestro trabajo perderá la bendición de Dios. No importa cuánto sacrificio nos pida Dios hacer, debemos guardar en mente que servir al Señor Jesucristo en cualquier capacidad es un privilegio maravilloso.

Pablo también habla acerca de *un peligro:* el peligro de "cansarnos" de servir al Señor. Se ha dicho frecuentemente que aunque podemos cansarnos *en* el trabajo del Señor, nunca debemos cansarnos *de la* obra de Dios. Cuando esto sucede dejamos de ser siervos gozosos de Dios. Nos convertimos entonces en obreros que se sienten miserables en lo que hacen y ayudan a que otros se sientan igual. Imitamos a los sacerdotes a los que amonestó Malaquías, hombres que no daban a Dios lo mejor y decían de su ministerio: "¡Oh, qué fastidio es esto!" (Mal. 1:13).

La clase de cansancio del que Pablo habla aquí no tiene nada que ver con el cansancio del cuerpo. Es el cansancio de la mente y el corazón, es la pérdida de la ilusión, del entusiasmo, que produce un ministerio sin brillo, sin vida, rutinario, inefectivo. Cesamos de planificar con antelación y nos contentamos con dejar que la inercia nos arrastre. No tenemos gozo en el servicio y dejamos de sacrificarnos. Sin tardanza empezamos a volvernos críticos y resentidos. Como el hermano mayor de la parábola de Jesús (Luc. 15:25-32), podemos estar muy ocupados en los campos e incluso ser fieles al Padre y, sin embargo, ser esclavos del trabajo y no encontrar gozo en el ministerio.

Si usted sigue recordándose a sí mismo que el servir al Señor es un privilegio, es probable que nunca llegue a cansarse de hacer el bien. Dígase a sí mismo: "¡Pensar que Dios me ha escogido para ser su siervo!" y verá cómo no pierde el romanticismo del ministerio.

Y, por último, Pablo habla acerca de *una promesa:* "Porque a su tiempo segaremos. . ." La imagen que usa es la de una hacienda, y si alguien sabe lo que significa perseverar en el trabajo, es el agricultor. El debe labrar la tierra, sembrar la semilla, arrancar las hierbas, regar las plantas y esperar pacientemente la cosecha.

El agricultor no tiene seguridad de la cosecha, pero al obrero cristiano se le promete una cosecha "a su tiempo". Hay tiempos en la obra de Dios, tiempos de labranza y de plantar, tiempos de regar y cultivar, tiempos de segar. El obrero sabio debe saber en qué estación se encuentra y trabajar según corresponda. Cuando laboramos compenetrados con el Señor, él es el que "da el crecimiento" (1 Cor. 3:5-9).

"A su tiempo" no es siempre al final de la reunión, ni siquiera al cerrarse el año eclesiástico. Jesús nos dijo que la "siega es el fin del siglo. . ." (Mat. 13:39). Quizá no veamos hoy los resultados de nuestro trabajo ni quizá el año que viene, pero los veremos cuando estemos frente al Señor. Como el labrador, debemos sembrar y regar en fe, confiando en que el Señor dará el crecimiento a su tiempo.

Sí, siempre es "demasiado pronto para abandonar". Debemos estar en guardia y vigilar si empezamos a "cansarnos de hacer el bien". Si conservamos en mente que servir al Señor es un *privilegio,* y si creemos en su *promesa* de que la cosecha vendrá, nos guardaremos del *peligro* del cansancio. Así que procuremos proseguir hasta que él vuelva.

Un estudio realizado en una empresa nacional de ventas al por menor de los Estados Unidos, reveló que el 48 por ciento de los vendedores abandonan después de la primera visita, mientras que el 25 por ciento llama una segunda vez antes de abandonar.

Sólo un 15 por ciento hacen tres visitas —y después no hacen más. El restante 12 por ciento continúa llamando, y son ellos los que logran el 80 por ciento de todas las operaciones.

Los negocios de Dios son aún más importantes, así que *siempre* es demasiado pronto para abandonar.

33

Cuando Dios obra, trabajamos
Filipenses 2:12-18

". . . Ocupaos en vuestra salvación con temor y temblor, porque Dios es el que en vosotros produce así el querer como el hacer, por su buena voluntad" (vv. 12, 13). Pablo escribió estas palabras a una congregación local. Los pronombres van en plural porque era una exhortación para todos en general. Quería que la iglesia en Filipos *como un todo* hiciera la voluntad del Señor, que "trabajara fuera", en el mundo, los propósitos de Dios mientras él "trabajaba dentro" de sus vidas. Cada iglesia local debe seguir este ejemplo y "ocuparse" en el ministerio que Dios ha puesto delante de la congregación. Mientras que todas las iglesias son semejantes en ciertas cosas, en otras deben ser diferentes. Cada asamblea local tiene un propósito especial que cumplir en el tiempo de Dios, mediante el poder de Dios, y para la gloria de Dios. Es peligroso para las iglesias el imitarse la una a la otra, porque lo que es exitoso en un lugar puede no serlo en otro.

Ninguna congregación puede "trabajar fuera" llevando a cabo este plan divino a menos que el poder divino esté "trabajando dentro" de la iglesia. Dios obra en su pueblo cuando ellos se rinden a él y quieren hacer sinceramente su voluntad. El obra en nosotros cuando oramos, cuando le adoramos, cuando abrimos nuestros corazones y mentes a su Palabra. El servicio cristiano no significa realmente que trabajamos *por* el Señor, sino que él opera en y por medio de nosotros para llevar a cabo su plan (Ef. 2:10).

Esto suscita una pregunta importante. ¿Cómo debemos saber cuándo está Dios obrando en nuestro medio? Pablo responde a esa pregunta en este pasaje, dándonos las características de una iglesia en la que Dios está verdaderamente obrando:

1. *Existe una actitud de reverencia que lleva a la obediencia* (v. 12). Si las personas toman con seriedad las cosas del Señor, hay en primer lugar un deseo sincero de conocer la voluntad de Dios para la iglesia, y después hacerla con "temor y temblor". Cuando Dios obra en nuestras vidas, queremos hacer su voluntad más que ninguna otra cosa, y cumplimos su voluntad porque le amamos y anhelamos glorificarle.

Al leer las Escrituras descubrimos que los siervos de Dios reconocían la seriedad de su llamamiento. No tomaban a la ligera la responsabilidad de servir al Señor. Si somos descuidados acerca de nuestro ministerio, es señal segura de que Dios no obra en nosotros. Si carecemos del "temor y temblor" que deben caracterizar el servicio cristiano, otro poder está operando en nuestro medio, y ello puede llevarnos a la derrota espiritual. El servicio cristiano es gozoso, y al mismo tiempo es serio.

2. *Existe armonía en el pueblo de Dios* (v. 14). Si el Señor obra en nuestro compañerismo, cesaremos de "murmurar y contender" entre nosotros. En su lugar, le alabaremos, nos regocijaremos en el privilegio del servicio, y haremos todo lo que podamos para ayudarnos y alentarnos unos a otros.

La murmuración fue uno de los principales pecados de Israel en su camino hacia la tierra prometida. ¡Eran expertos en el pensamiento negativo! A pesar de todas las bendiciones que Dios les había dado, se quejaron acerca de la manera en que los dirigía y de la forma en que los alimentaba. Se quejaron especialmente de los líderes que les había dado. En vez de mirar con fe hacia el futuro, quisieron repetidas veces volverse a Egipto. Pocas de las cosas que fueron hechas para ellos, bien por Dios o Moisés, les resultaron aceptables. ¡Eran una nación de quejosos!

Cuando Dios obra en nuestro medio, no nos quejamos; por el contrario, damos gracias por todo lo que hace por nosotros. La murmuración y la disputa no tendrán lugar en nuestros corazones o reuniones si Dios está trabajando. Pablo advierte a los corintios que no imiten a Israel y murmuren contra el Señor (1 Cor. 10:10). Dios los disciplinó y puede disciplinarnos a nosotros.

3. *Tendremos un testimonio claro para los perdidos* (vv. 15, 16). Después de todo, ¿no es el ministerio más importante de la iglesia dar testimonio a un mundo perdido? Si todo lo que estamos haciendo es servir a nuestra propia membresía y sostener una institución, entonces Dios no está obrando verdaderamente entre nosotros.

Vivimos en un mundo deformado y la iglesia debe ser "recta" en lo que se refiere a un vivir recto. Las normas han sido tan retorcidas por la sociedad que es difícil lograr que las personas se comprometan a vivir conforme a lo que es recto y evitar lo que es torcido. El pueblo de Dios debe ser "hijos de Dios sin mancha", buen ejemplo de lo que significa ser un cristiano, un discípulo de Jesucristo.

Debemos resplandecer como luminares en un mundo en tinieblas, "en medio de una generación maligna y perversa". Demasiado frecuentemente la iglesia es sólo un espejo que únicamente refleja el mundo que la rodea, cuando la iglesia debiera ser un faro luminoso que ilumina las tinieblas y revela al Señor Jesucristo.

Cuando Dios obra nosotros somos testigos fieles, "asidos de la Palabra de Vida. . ." Vivimos en un mundo retorcido, en un mundo oscuro, un mundo muerto que necesita desesperadamente la Palabra de vida de Dios. Si Dios obra en nosotros y por medio de nosotros, seremos testigos fieles que presentarán el mensaje salvador de Cristo a aquellos que nos rodean.

4. *Nos regocijaremos en las oportunidades de sacrificarnos por el Señor* (vv. 17, 18). Estos dos versículos hablan de sacrificio, y con todo Pablo menciona la idea de "gozo" cuatro veces. La imagen es el derramamiento del vino que el sacerdote hacía sobre la ofrenda quemada. De igual manera que aquella libación del vino se hacía en honor a Dios, Pablo se regocijaba en la oportunidad de derramar su vida por amor de los creyentes filipenses. Ellos eran la ofrenda quemada y él era la copa derramada.

El reconocido predicador británico John Henry Jowett dijo una vez: "El ministerio que cuesta poco logra poco." ¡Tenía razón! Si nuestro servicio por el Señor es casual y fácil, no es en absoluto servicio. Cuando Dios obra en nosotros hay un precio que pagar; y nos gozaremos en pagarlo. Nuestra preocupación no será por nosotros, sino por otros.

¡Qué privilegio es tener a Dios obrando en nosotros y por medio de nosotros! Pero, ¡qué responsabilidad tan tremenda! Hagamos examen para verificar si estas cuatro características se encuentran en nuestra comunidad. ¿Tenemos una actitud de reverencia? ¿Hay armonía entre nosotros mientras servimos juntos? ¿Tenemos un fuerte testimonio ante los perdidos? ¿Anhelamos sacrificarnos?

El más alto reconocimiento
Filipenses 2:25

El jugador de béisbol que comete el menor número de errores en su posición recibe como premio el Guante de Oro. Un actor sobresaliente puede ganar un Tony, un Emmy o un Oscar. Los científicos que logran avances en la ciencia reciben el Premio Nobel. Los soldados que muestran gran valor reciben las más altas condecoraciones. Los escritores que crean grandes obras literarias se les reconoce mediante el Premio Cervantes. El elemento común en estos ejemplos es que representan la forma más elevada de reconocimiento que puede ser otorgada en esos campos.

No hay nada malo en desear ser "el mejor" en aquello que intentamos. Estamos en los asuntos de Dios. ¿Cómo podemos alcanzar "lo mejor" en el servicio al Señor? En Filipenses 2:25 nos encontramos con Epafrodito. Los términos que Pablo usó para describirlo ilustran la clase de persona que recibe el más alto reconocimiento en el trabajo de Dios.

Pablo lo introduce como "Epafrodito, mi hermano". La iglesia empezó a usar los términos de "hermano" y "hermana" muy pronto; esto les recordaba a todos los creyentes que pertenecían a la familia de Dios. Pablo y Epafrodito habían confiado en Jesucristo como su Salvador, ambos llamaban a Dios "Padre", de manera que eran hermanos.

Todos los cristianos son hermanos, pero algunos parecen irradiar más que otros un amor y un cálido espíritu familiar.

Cuando Pablo describió a su amigo, lo primero que se le vino a la mente fue decir: "Es mi hermano." "Amados, amémonos unos a otros. . ." escribió Juan (1 Jn. 4:7). Ese lazo de amor nos hace hermanos.

A continuación Epafrodito es llamado un "colaborador". Había ido a visitar a Pablo en la prisión para llevarle una ofrenda de parte de la iglesia en Filipos. Una vez que encontró al Apóstol, trabajó con él en todo lo que pudo. Algunos simplemente van y *miran* cómo trabajan los otros. No así con Epafrodito, él trabajó. Algunos pasan por la vida creando trabajo para los demás, pero Epafrodito ayudó a hacer la tarea.

Hay un viejo dicho que dice: "algunos son como las ampollas; no aparecen sino hasta que se ha terminado el trabajo". Al tratar los asuntos de Dios, no busquemos la manera de evitar participar en la obra; por el contrario, cooperemos a fin de aliviar la carga de cada uno repartiendo los deberes entre muchos.

Después Pablo llama a Epafrodito un "compañero de milicia". Pablo estaba peleando grandes batallas espirituales sirviendo al Señor, y estaba contento por los refuerzos recibidos. Preste atención a una palabra de sabiduría: "Sea amable, porque todo aquel con quien se encuentra está peleando una batalla." Nuestras armas en esta guerra espiritual son la Palabra de Dios y la oración. Epafrodito probablemente oró con Pablo y le fortaleció con las Escrituras.

Cuando como cristiano se está luchando en una batalla, no hay nada más desalentador que tener un compañero cristiano que ofrece críticas y consejos como espectador. Lo que realmente nos anima es cuando alguien se une a nosotros y nos dice: "Estoy contigo." Eso nos da valor y fortaleza para continuar luchando. Abandonar es fácil; tener un compañero de milicia renueva nuestra determinación de obtener la victoria.

Finalmente, Pablo llama a Epafrodito "ministrador de mis necesidades". Los hermanos de Filipos habían enviado una ofrenda de amor para ayudar en las necesidades materiales de Pablo, y fue una bendición para el Apóstol. Su manera de darles las gracias es bellísima (4:10-20). Pero Epafrodito también ministró a Pablo espiritualmente, y parece que él tenía la habilidad de darse cuenta de las heridas o debilidades de Pablo. Ayudó a curar las heridas con su estímulo.

Todas las personas con las que nos encontramos tienen necesidades. Precisamos la sensibilidad que el Espíritu Santo imparte para tratar amorosamente dichas necesidades. Cuando un creyente permite a Dios mostrar su amor por medio de él, el Señor puede hacer muchas maravillas. Al involucrarnos en la obra de Dios, debemos recordar que el ministerio no es sólo algo que nos hacen a *nosotros*, es también algo que nosotros hacemos por otros.

Estas son las cualidades que obtienen el mayor reconocimiento en el servicio a Dios: mostrar el amor cristiano, compartir la carga de la obra, participar en la batalla y buscar atender a las necesidades. Epafrodito no buscó ni recibió mucho reconocimiento; él simplemente vivió silenciosamente para el Señor Jesucristo. Ser un siervo y pasar desapercibido pocas veces brinda alabanzas públicas. Pero, ante los ojos de Dios, servir como lo hizo Epafrodito, produce el mayor de los reconocimientos, y ¡eso es lo que realmente importa!

35

Medidos por
el evangelio
Colosenses 1:3-8

Al empezar Pablo su carta a los colosenses, da gracias por ellos y por la forma en que respondieron a las "buenas noticias" del evangelio. Les había transformado sus vidas y les había moldeado en una iglesia fiel.

Alguien ha dicho que para los cristianos de hoy las "buenas nuevas" ya no son ni buenas ni nuevas. Nos hemos acostumbrado al evangelio, pero éste nunca debería ser una rutina para un hijo de Dios. Algunos creyentes consideran su salvación como un premio de consuelo: si no consiguen ninguna otra cosa en la vida, al menos irán al cielo. ¡El hecho de que Dios nos ame, de que Cristo muriera en la cruz por nuestros pecados, y de que tengamos vida eterna, nos debiera conmover cada día!

Nuestra nueva vida en Cristo empezó cuando respondimos con fe al evangelio. Por no ser ya "bebés en Cristo", queremos crecer y madurar como cristianos, pero no podemos dejar el evangelio atrás. De hecho, mientras que vivimos para el Señor somos constantemente medidos por el evangelio. Apliquemos esta verdad en dos áreas.

Primera, nuestra iglesia misma es medida por el evangelio. Al repasar Pablo los primeros días de la iglesia de Colosas, señaló varias influencias que el evangelio debería ejercer en el compañerismo de los creyentes. Podemos estructurarlas como preguntas y probar nuestra propia iglesia por las respuestas.

120

1. *¿Somos fieles al mensaje del evangelio?* El evangelio había llegado a los colosenses (v. 6), y ellos lo proclamaban tal como lo habían recibido. Algunos cristianos piensan que ser espiritualmente "profundos" significa dejar atrás las verdades simples. En realidad, las cosas que son declaradas en forma sencilla son frecuentemente las más profundas, tales como la expresión: "te amo". Debemos asegurarnos de que las palabras que nos llevaron a Cristo están todavía presentes en el púlpito, en la clase de la escuela dominical, en el grupo de estudio bíblico. El evangelio es una fuente de la gracia de Dios y debemos ser consecuentes con su mensaje.

2. *¿Llevamos fruto y lo hacemos en forma creciente?* El mensaje de la salvación no es estéril ni se estanca. Produce vida llevando "fruto" (v. 6). ¿Vemos que las personas van a Cristo por medio de los diferentes ministerios de nuestra iglesia?

3. *¿Somos una amorosa familia de fe?* A Pablo le habían informado del amor demostrado en la iglesia de Colosas (v. 8), y tal amor era el resultado de su respuesta al evangelio. Cuando estamos mutuamente preocupados acerca de ganar a los perdidos y compartir nuestra fe, esto produce una armonía dentro del cuerpo que evita la descortesía.

Los líderes de la iglesia tomamos muchas decisiones sobre presupuestos, empleados, programas, servicios y currículum. Al tomar esas decisiones debemos considerar si las mismas servirán para el progreso del evangelio, porque nuestra iglesia es evaluada a la luz de sus verdades.

La segunda aplicación de este pasaje es a nuestras vidas personales, que también son medidas por el evangelio. Una iglesia se compone de individuos, y Dios nos va a pedir cuentas de lo que hemos hecho con el mensaje del evangelio. Nuestra responsabilidad aquí es triple:

Primero, somos responsables de *lo que* hemos oído. Los colosenses habían "oído. . . la palabra verdadera del evangelio" (v. 5), y lo que habían escuchado afectó su manera de vivir. Empezaron el proceso de crecer hacia la madurez. ¿Se encarna en su vida diaria lo que escucha?

Segundo, somos responsables de *compartir* lo que hemos

oído. Los colosenses no guardaron el evangelio para ellos. Lo compartieron y hubo fruto y crecimiento (v. 6). El evangelio es digno de poseerse, y digno de pasarse. Tercero, somos responsables de *amar*. El amor cristiano es inclusivo —"a todos los santos" (v. 4)— y es producido por el Espíritu Santo (v. 8). El evangelio revela cuánto nos ama Dios, y el amor de Dios en nosotros nos capacita para amar a otros. Un cristiano que vive cerca del corazón de Dios nunca será crítico o descortés. Pero si empezamos a dar por sentado el evangelio, podemos perder algo del poder energizante de nuestro "primer amor".

Estamos siendo medidos por el evangelio. No nos pongamos nerviosos por ello, como si el Señor estuviera vigilándonos todo el tiempo. Pero tomemos en serio nuestra responsabilidad como iglesia y como individuos hacia la verdad que es todavía "buenas noticias".

36

Piense en ello
como en un ministerio
Colosenses 4:7-14

Todo líder exitoso ha sido ayudado a triunfar por las personas que han trabajado con él o ella. Napoleón fue un general muy competente, pero fueron sus soldados quienes le hicieron grande. Un atleta puede ser una super-estrella, pero debe trabajar con el resto del equipo. Pablo es una figura familiar para nosotros como un gran cristiano, pero él tenía un grupo de fieles que apoyaban sus esfuerzos. De hecho, mucho de lo que Pablo logró alcanzar sucedió debido al equipo que le apoyaba.

Aunque las personas que trabajan detrás del escenario rara vez salen en los titulares de primera plana, su trabajo es tan válido como los logros de aquellos que son reconocidos. Nosotros sabemos quién era Pablo y qué hizo. ¿Conoce usted a Tíquico, Aristarco y Epafras? Apenas se les menciona brevemente en el Nuevo Testamento, pero lo que ellos hicieron fue vital para el ministerio de Pablo.

La lección de este pasaje es sencillamente que el ministerio toma muchas formas. Pablo escribió muchos de los libros del Nuevo Testamento, plantó muchas iglesias, predicó grandes sermones y soportó fuerte oposición. Pero eso no es todo lo que involucra el ministerio. En Colosenses 4:7-14 se nos presentan algunas personas importantes que trabajaron con Pablo detrás del telón. Encontrémonos con ellos y descubramos en ellos algunos ministerios que nosotros podemos llevar a cabo.

En los versículos 7-9 nos encontramos con Tíquico, quien sirvió fielmente con Pablo. Ayudó a llevar a Jerusalén la ofrenda de las iglesias de Asia (Hech. 20:4) y fue el representante de Pablo y portador de su mensaje a varias iglesias (Ef. 6:21, 22).

Tíquico cumplió el *ministerio* de ser un *ayudante* de Pablo. Cuando Pablo no pudo visitar las iglesias establecidas, sintió la necesidad de mantenerlas informadas (vv. 7, 9). Envió a su colaborador a visitar la iglesia de Colosas e informarles de cómo iban las cosas con el Apóstol. Tíquico había demostrado que se podía confiar en él, y Pablo dependió frecuentemente de él como asistente. Quizá usted no puede enseñar, pero puede ser un ayudante del maestro. Quizá no pueda servir en un campo misionero, pero podría escribirse con misioneros. Cada uno de nosotros puede ayudar a alguien en alguna parte. Mire alrededor de su iglesia o vecindario, ¿a quién puede ayudar? Ese es el ministerio de ayudar.

Tíquico tenía también el *ministerio de alentar* (v. 8). Su visita a Colosas sirvió para fortalecer a los creyentes allí. Eso les "animó". Y eso es lo que significa la palabra alentar: Estar al lado de alguien para compartir su aliento con él.

Todos necesitamos ser alentados. Aun los más fuertes y dedicados de los santos tienen momentos cuando la carga es tan pesada que tienen la tentación de abandonar. Dios puede *usarnos* para aligerar la carga e iluminar la oscuridad de la desesperación.

Hay muchas maneras de ser un confortador. Podemos enviar una tarjeta postal a alguien recluido, saludar a alguien con un caluroso abrazo o apretón de manos (la iglesia es el único lugar donde algunos reciben un abrazo). Diga un cumplido sincero o sea un buen oidor. Pablo no podría haber hecho su trabajo tan bien si otros no le hubieran alentado a él. Busque maneras de cumplir con el ministerio de alentar.

En el versículo 12 nos encontramos con Epafras. El era de la iglesia de Colosas y había ido a visitar a Pablo. Quizá fue la información que él le dio sobre la iglesia lo que le incitó a escribir esta carta. La característica que se menciona acerca de Epafras es que era un hombre de oración. Tenía un poderoso *ministerio de oración* a favor de los cristianos colosenses, y probablemente también a favor de Pablo.

Sólo la eternidad revelará por completo cuán significativas son nuestras oraciones de intercesión por otros cristianos. La oración requiere esfuerzo. Leemos que Epafras "rogaba encarecidamente" por ellos. Sin duda que Epafras trabajó y se cansó en su ministerio de intercesión por otros. Nunca tenga en poco el poder de la oración.

No todos podemos predicar o enseñar, pero sí podemos orar por todos aquellos que lo hacen. Si Dios no le ha llamado a servir como misionero, sí puede orar por los misioneros que apoya su congregación. El problema es que parece que orar es como si no estuviéramos haciendo mucho. El mundo en general nota y premia las acciones visibles, no la contemplación. Pero la oración es una de las actividades más poderosas en las que podemos tomar parte. Logre el máximo del ministerio de oración.

Al concluir esta carta, Pablo transmite los saludos del médico Lucas (v. 14). Conocemos a Lucas como el escritor del Evangelio y del libro de Hechos. Viajó con Pablo y algunos piensan que fue el médico de cabecera del Apóstol. Hubo evidentemente una estrecha relación entre Pablo y Lucas, porque Pablo le llama "amado". Lucas fue un amigo de Pablo, y parece que Pablo no tuvo muchos amigos íntimos. Lucas nos ilustra el *ministerio de la amistad*.

Un amigo es alguien que comparte las cargas con uno, que le ayuda a pelear la batalla. Lucas estuvo en la cárcel con Pablo e incluso sufrió un naufragio con él (Hech. 27). Lucas fue leal para con el Apóstol y un compañero de confianza. Cerca del fin del ministerio de Pablo, cuando todos se habían ido, Pablo pudo escribir: "Sólo Lucas está conmigo. . ." (2 Tim. 4:11).

¿Hay alguien de quien puede ser amigo? ¿Alguien que necesita que le escuchen, una persona que le apoye, alguien que no será defensivo o crítico? Los hijos de Dios se necesitan unos a otros. No hay por qué ser soldados solitarios. Logramos mucho más para el Señor cuando tenemos a alguien con quien compartir la carga.

El ministerio tiene muchas facetas, y cada una de ellas es un ministerio importante. Amplíe el alcance de su ministerio y servicio. Decídase a ayudar, alentar, orar, ser amigo; piense en ello como estar involucrado en el ministerio total de Cristo.

37

Cuando las cosas
son conmovidas
Hebreos 12:25-29

Los cristianos que recibieron originalmente la epístola a los Hebreos no estaban pasando por un momento fácil. Eran creyentes judíos que luchaban contra la fuerte atracción de su vieja religión. Habían sido perseguidos por su fe y algunos habían sido encarcelados. Estos cristianos hebreos eran fuertemente tentados a volverse a los "viejos buenos tiempos", minimizar su fe en Cristo y disfrutar de paz y seguridad otra vez.

¿Cuál fue la respuesta de Dios a esta situación? *¡Hizo que las cosas temblaran!* ¿Por qué? A fin de que estos creyentes aprendieran la diferencia entre lo temporal y lo permanente. En pocos años el pueblo judío sería esparcido por todo el Imperio Romano, y Jerusalén y el templo serían destruidos. El plan de Dios era remover las cosas movibles "para que queden las inconmovibles" (v. 27). Quería mostrarles la diferencia entre el andamiaje terrenal y el templo espiritual y permanente que estaba edificando.

Puede ser que nuestra situación no sea exactamente paralela a la de aquellos hebreos, pero, no obstante, vivimos en un tiempo cuando muchas cosas se sacuden. Y la verdadera naturaleza del cambio es cambiar. En el pasado los cambios sucedían gradualmente y teníamos oportunidad de examinarlos y asimilarlos. Pero este no es el caso hoy. Los cambios se suceden tan rápidamente y con tanta fuerza que frecuentemente nos sentimos anegados.

Qué fácil nos sería imitar a estos hebreos y empezar a pensar en retirarnos a un refugio seguro, y dejar que siguiera el resto del mundo. Suspiramos por la calma relativa del pasado tradicional.

Si nos retiramos desobedeceremos al Señor y perderemos las oportunidades de ministrar que él nos está dando. En tiempos de cambios radicales, los cristianos tenemos el privilegio de decir a la gente que hay cosas que no pueden cambiar:

La Palabra de Dios no cambia. Dios habla todavía y podemos oírle si queremos (v. 25). Si edificamos nuestras vidas y ministerios sobre las filosofías y teorías en constante cambio de este mundo, quedaremos confundidos y derrotados. Pero si edificamos sobre la eterna Palabra de Dios, los cambios a nuestro alrededor no representarán una amenaza. La Palabra de Dios ha permanecido verdadera y efectiva a través de las generaciones, y no nos fallará hoy. "El cielo y la tierra pasarán, pero mis palabras no pasarán" (Mat. 24:35).

Una de las maravillosas características de la Biblia es su independencia del tiempo. Los principios y promesas de la Palabra de Dios no están limitados por el tiempo o la cultura. Los creyentes de la iglesia primitiva disponían sólo del Antiguo Testamento para su orientación, con todo el Espíritu les guió a tomar las decisiones correctas. Hoy tenemos la Biblia completa y debemos ser cuidadosos en permitirle a Dios que nos dirija con su Palabra. El autor sagrado nos avisa que debemos oír la voz de Dios y obedecerla, si esperamos que él nos bendiga.

La disciplina de Dios no cambia. "Mirad que no desechéis al que habla" (v. 25). ¿Por qué esa advertencia? Porque todos aquellos que desechan la Palabra de Dios son disciplinados y juzgados por el Señor. "Pero vivimos en la edad de la gracia", alguien podría argumentar: "y en el tiempo de la gracia Dios nos trata con amor, como a hijos". Pero ese es uno de los temas clave de Hebreos. *Porque* somos sus hijos amados es por lo que nuestro Padre debe corregirnos cuando nos rebelamos contra él. De hecho, su disciplina paternal es prueba de que nos ama (Heb. 12:5, 6). Sea bajo el Antiguo Pacto o bajo el Nuevo, Dios nunca puede dispensar el pecado.

Un miembro de iglesia criticó una vez a su pastor porque

había estado predicando acerca del pecado en el pueblo de Dios. "Después de todo", argumentaba esta persona: "el pecado en la vida de un cristiano es diferente del pecado en la vida de un inconverso".

"Sí", replicó el pastor, "¡es peor!"

Es fácil hacernos "blandos con el pecado", no sólo en nuestras vidas, sino también en la vida de la iglesia. Un ministerio corrompido es un ministerio derrotado. Nuestro nivel moral puede deteriorarse gradualmente hasta el punto de que un día descubrimos que ya no tenemos normas cristianas. Necesitamos prestarle atención a la Palabra de Dios y recordarnos a nosotros mismos que su amorosa disciplina no cambia.

El reino de Dios no cambia. Pertenecemos a "un reino inconmovible" (v. 28). Dios siempre ha tenido a un pueblo suyo en este mundo, y su pueblo ha tenido siempre su seguridad en el Señor. "Señor, tú nos has sido refugio de generación en generación" (Sal. 90:1). Si edificamos sobre las cosas de este mundo, nuestro trabajo no permanecerá; pero si edificamos sobre la Roca, en obediencia a su Palabra, nuestro ministerio permanecerá para siempre (Mat. 7:24-27).

Qué trágico es cuando los líderes espirituales dedican más tiempo a lo temporal —el andamiaje movible— que a lo eterno. En medio de un mundo cambiable, debemos asirnos de aquellas cosas que no son conmovidas ni pueden ser destruidas. ¿Cómo podemos hacer esto? Leyendo la amonestación con que concluye este pasaje de la Escritura:

"Retengamos la gracia. . ." (v. 28 R.V.A.).[1] No podemos servir aceptablemente al Dios de la gracia sin la gracia de Dios. Ninguno de nosotros es digno o adecuado para servirle. Necesitamos desesperadamente su gracia suficiente.

"Sirvamos a Dios agradándole con temor y reverencia" (v. 28). Servir a Dios es asunto serio. No debemos ser solemnes y perder nuestro sentido de humor, pero tampoco debemos ser descuidados ni ligeros acerca del trabajo del Maestro. El "temor de Dios" implica que respetamos a Dios, que le reconocemos como Señor, y que tomamos seriamente la tarea que él nos ha dado.

"Porque nuestro Dios es fuego consumidor" (v. 29). ¿Qué quedará? ¿Tesoros purificados o cenizas que denunciarán que hemos edificado en forma barata y descuidada? Un día el fuego probará nuestra obra (1 Cor. 3:10-15).

Cuando las cosas se están conmoviendo es fácil ser tentados a tomar atajos y hacer nuestra tarea descuidadamente. Asegurémonos de que nos aferramos a las cosas inconmovibles, de manera que podamos trabajar en el plan de Dios en una manera que le glorifique.

---

[1] La nueva revisión inglesa del Rey Jaime dice exactamente "Let us have grace. . ." (v. 28). Otras versiones en inglés traducen como Reina-Valera 1960 y como la Versión Popular *Dios habla hoy*. La R.V.A. lo tiene como lo usa el autor.

38

¡Tenemos qué mostrar a Dios!

1 Juan 4:7-21

Como declara el himno tan familiar: "Cristo me ama, bien lo sé. . ." ¡Y qué contentos estamos por ello! Cuando más caminamos con Cristo tanto más apreciamos la cruz y la tumba vacía. Nuestras iglesias, nuestros hogares, nuestras familias y trabajos, son todos evidencias de que Dios nos ama. Y la seguridad de tal amor es digna de celebrarse.

Saber que Dios nos ama suscita una pregunta relacionada: ¿Cómo sabe Dios que *nosotros* le amamos a *él*? Se podría responder que "Dios lo sabe todo y él sabe que le amamos". Es cierto, pero aunque un hombre esté seguro del amor de su esposa, le gusta oír: "Te amo", y que le muestre que le ama. Si no mostramos nuestro amor por Dios, realmente no le conocemos (v. 8). ¿Cómo podemos demostrar nuestro amor por Dios? Este pasaje sugiere tres formas:

Mostramos nuestro amor por Dios mediante nuestra confesión de Cristo (vv. 14, 15). El Padre envió a su Hijo como un don para nosotros. Cuando recibimos a Cristo, el Hijo de Dios viene a ser nuestro Salvador y nos da vida eterna. A medida que crecemos en el conocimiento de Jesús aprendemos más acerca del amor de Dios por medio de su Hijo. Cuando confesamos a Jesús como Señor y Salvador, mostramos que Dios mora en nosotros y que le amamos.

Muchos de nosotros *decimos* que creemos en Jesús, pero nuestras palabras deben ser probadas con nuestras vidas. Las personas que realmente aman a Dios han centrado sus vidas en el hecho que Cristo murió por sus pecados y resucitó para darles vida eterna. Su conducta muestra que están motivados por el deseo de agradar y glorificar a Dios. Su confesión de Cristo va más allá de las meras palabras; afecta a su sistema de valores, actitudes y comportamiento. Hay una correlación entre su profesión y la práctica.

¿Cuánto significa Cristo para usted? ¿Sus acciones reflejan y respaldan sus palabras acerca de Jesús? ¿Es importante para usted confesar a Cristo de tal manera que revele un amor profundo por Dios?

Podemos mostrar nuestro amor por Dios mediante nuestra confianza en él (v. 16). Si amamos a Dios estaremos seguros de su amor por nosotros. Amor y confianza siempre van juntos y producen compromiso. Dado que el compromiso de Dios para con nosotros fue hecho por medio de Jesús en el Calvario, no caben dudas sobre la profundidad de su amor.

Imagínese a un esposo y esposa preguntándose constantemente: "¿Realmente me amas?" Algunas veces una esposa preguntará a su marido: "¿Me amas?", no porque dude de su amor, sino porque quiere oír su afirmación. Preguntar constantemente delata falta de confianza, y el amor no puede existir sin confianza. Si amamos a Dios, no dudaremos de su amor por nosotros. Aceptaremos el hecho de que somos el objeto del amor del Padre y nos regocijaremos en esta seguridad. Sin duda, tampoco daremos por sentado su amor, sino que nos será un tesoro precioso.

Algunas personas, sin embargo, no están seguras del amor de Dios. Van por la vida temerosas de que Dios va a castigarles. Es trágico cuando un hijo está aterrorizado de sus padres, creyendo que, sin importar cuánto se esfuerce por agradarles, de todas maneras será castigado. Dios no es así. Como Jesús es el amado del Padre, así somos nosotros amados por el Padre celestial (v. 17). El nunca nos dañará y sólo desea lo que es bueno para sus hijos: "En el amor no hay temor. . ." (v. 18).

No tenemos que adivinar el amor de Dios por nosotros. Su

Palabra lo afirma (vv. 16, 19), y el Espíritu Santo da testimonio de
ello dentro de nosotros (Rom. 8:16). Jesús demostró el amor de
Dios en el Calvario (Juan 3:16). Si amamos a Dios, estaremos
seguros de su amor por nosotros.

*Podemos mostrar nuestro amor por Dios preocupándonos
por su pueblo* (vv. 20, 21). Si amamos a nuestro Padre celestial,
amaremos a nuestros hermanos en Cristo. Es fácil *decir* que
amamos a Dios. Después de todo él es invisible y aparentemente
no hay forma objetiva de negar lo que se afirma. Pero Dios nos
pone a prueba: Si no amamos al hermano a quien podemos ver,
no amamos al Padre al que no podemos ver (v. 20). Si no puede
mostrar amor por sus hermanos en la fe, quizá es que en realidad
usted no es un creyente.

A lo largo del Nuevo Testamento se ve un fuerte énfasis
sobre los cristianos que demostraron su amor unos por otros.
Nuestras señales visibles y tangibles de amor, muestran que
reconocemos la presencia de Dios. Pero cuando un cristiano evita
el verdadero compañerismo con el pueblo de Dios, cuando sólo
sabe criticar, cuando usa los errores de otros como excusas para
no comprometerse, podemos decir que probablemente no hay
relación de amor con Dios en su corazón.

Haga un inventario rápido para ver si estamos interesados en
el pueblo de Dios en esta iglesia. ¿Qué es más frecuente aquí los
elogios o las críticas? ¿Practicamos el perdón o guardamos los
resentimientos? Cuando estamos en desacuerdo, ¿edificamos
muros o puentes? ¿Nos preocupamos por todos o somos indife-
rentes hacia algunos?

Tenemos que mostrar a Dios que le amamos, así que
amémonos unos a otros. Quizá necesitamos intercambiar palabras de perdón. Quizá debemos ofrecer palabras de alabanza y
ánimo. Quizá con un simple pero honrado apretón de manos
podemos mostrar nuestro amor.

No dudamos del amor de Dios, nos regocijamos en él. Pero
quizá a veces le estaremos dando a Dios razones para cuestionar
nuestro amor por él. El continúa mostrando su gran amor por
nosotros. Probemos que este amor es recíproco en nuestras
palabras, actitudes y acciones.

39

Pérdidas y ganancias
2 Juan 8, 9

La obra de Dios está siempre en peligro y aquellos de nosotros que somos líderes debemos estar siempre listos para enfrentarlo. Algunas veces Satanás viene como león a devorar (1 Ped. 5:8), y otras veces viene como una serpiente para engañar (2 Cor. 11:3). No importa lo que Satanás intente, nosotros debemos ser "sobrios" y "velar" a fin de proteger la obra de Dios y lograr que el ministerio de los siervos de Dios prosiga con bendición.

En estos dos versículos, el anciano Apóstol señala dos amenazas especiales para la iglesia: el peligro de perder lo que hemos ganado y el peligro de obtener ganancias que son realmente pérdidas. Usted y yo necesitamos, sin duda, discernimiento y sabiduría para detectar estos peligros y vencer al enemigo.

Acerca del primer peligro, Juan nos dice: "Mirad por vosotros mismos, para que no perdáis el fruto de vuestro trabajo, sino que recibáis galardón completo" (v. 8). Algunas veces estamos tan deseosos de avanzar en la obra de Dios que fallamos en conservar y proteger las bendiciones que ya hemos recibido.

Cuando consideramos algunas de las imágenes de la iglesia dadas en el Nuevo Testamento, este aviso llama aún más la atención. La iglesia es una familia espiritual, y debemos tener cuidado de los nuevos "niños" que Dios nos ha dado. ¿Quién pensaría traer un bebé al mundo y después abandonarlo? La iglesia es un campo (1 Cor. 3:6-9), y nosotros debemos cuidar de las semillas y arrancar las hierbas si es que queremos tener una buena cosecha. La iglesia es el templo de Dios (1 Cor. 3:9-17) y si un edificio no está bien conservado, acaba desmoronándose. Y, por último, la iglesia es también el ejército espiritual de Dios (2 Tim. 2:3, 4), y debemos tener cuidado no sea que ganemos la batalla pero terminemos perdiendo la guerra. Si un ejército conquistador falla en mantener al enemigo bajo control, todo el nuevo territorio ganado quedará finalmente perdido. Cada general sabe lo importante que es dejar tropas en la retaguardia para conservar lo ganado.

¿A quién hay que culpar cuando la iglesia pierde lo que ha ganado? ¡A *nosotros mismos*! Juan no culpó a Satanás, sino que escribió: "Mirad por vosotros mismos. . ." Si perdemos nuestras ganancias, no tenemos a nadie a quien culpar, sino a nosotros mismos. Como líderes espirituales, debemos guardar la obra de Dios y vigilar que no estemos dando dos pasos hacia adelante y tres para atrás. Si eso ocurre, no sólo está en peligro la obra del Señor, sino que nosotros corremos el riesgo de perder nuestro galardón.

El segundo peligro es el de lograr ganancias que son realmente pérdidas. La versión *Dios habla hoy* traduce el versículo 9 así: "Cualquiera que pretenda avanzar más allá de lo que Cristo enseñó, no tiene a Dios. . ." Este es un aviso contra la "teología progresista" que abandona "la fe que ha sido una vez dada a los santos" (Jud. 3) y termina negando a Cristo Jesús. A lo largo de los siglos, más de un ministerio ha ido para atrás al tratar de ir hacia "adelante" mediante el desarrollo de la llamada actualización de la posición doctrinal.

Sin duda que siempre hay más que aprender de la Biblia. Y la inmutable Palabra de Dios debe ser constantemente relacionada con cualquier nueva comprensión que los hombres descubren en las Escrituras. Pero ir más allá de las verdades fundamentales que la iglesia conserva con firmeza es conseguir "ganancias" que son realmente pérdidas. Debemos conocer la verdad, vivir la verdad, defender la verdad y compartir la verdad con otros. Pero nunca debemos ir *más allá* de dicha verdad.

El pueblo de Dios quiere ciertamente ver progresar la obra

del Señor. Queremos ver a la familia crecer, pero debemos asegurarnos que cuidamos apropiadamente de los nuevos convertidos. Queremos que el campo produzca una gran cosecha, pero esto requiere cuidar del campo y evitar que las hierbas lo invadan. El ejército cristiano debe conquistar nuevo territorio, pero estemos seguros de que conservamos las ganancias alcanzadas, no sea que las victorias se vuelvan en derrotas.

Por esto la obra de Dios es tan importante, y por esto demanda lo mejor que podamos dar. Estamos de guardia para Dios, nos conservamos alertas para proteger nuestras ganancias y rechazar aquellas otras que son realmente pérdidas. Si pregunta: "Y para estas cosas, ¿quién es suficiente?" (2 Cor. 2:16), la respuesta es clara: ". . . nuestra competencia proviene de Dios" (2 Cor. 3:5).

40

Sobre la fidelidad
Selección de textos

No es a la persona elocuente, con títulos académicos o muy dotada a la que Dios bendice especialmente, sino a aquella que es "fiel".

La palabra *fiel* se usa más de veinte veces en el Nuevo Testamento aplicándola a personas que sirven al Señor. Pero, ¿qué significa? La fidelidad es algo más que recitar en voz alta un credo o declarar nuestro amor por Jesús. Las palabras salen fácilmente. La fidelidad a Dios es probada en el curso del diario vivir. Al escudriñar las Escrituras descubrimos varias marcas del cristiano fiel:

Fidelidad a la iglesia es una de las señales que buscamos. Se refleja en Hebreos 10:24, 25: "Y considerémonos unos a otros para estimularnos al amor y a las buenas obras; no dejando de congregarnos, como algunos tienen por costumbre, sino exhortándonos. . ." La iglesia es la familia de Dios y somos parte de ella por la obra de Cristo en la cruz. Por gratitud y obediencia a Cristo, debemos ser leales a nuestra iglesia.

Los líderes de la iglesia deben sin duda alguna asistir a los servicios, no sólo por el beneficio espiritual, sino porque son un ejemplo para la congregación. (Esto no significa que cada cristiano tenga que estar en el templo cada vez que se abren las puertas.) El asistir fielmente logra varios propósitos. Anima a todos aquellos que van a adorar y orar, confirmando a cada uno de los presentes que no está solo en el mundo. Y nos estimula a hacer el bien y mostrar amor cristiano a los hermanos.

Hay otras maneras de ser fieles a la iglesia. Orar regularmente por el pastor y otros líderes es una de ellas. Otra es ofrendar sistemáticamente. Desempeñar responsabilidades en la organización de la iglesia, o usar sus dones en algunos de los programas de la iglesia, son maneras de expresar fidelidad a la iglesia.

Fidelidad con nuestro tiempo es una segunda señal del creyente fiel. En Efesios 5:16 se nos aconseja sobre aprovechar bien el tiempo. El tiempo es un don que recibimos de Dios. Dado que no podemos dar por supuesto el mañana, debemos enfocarnos en el presente. La vida corre muy rápidamente, y sin embargo la medimos en años. Cada día, cada momento, debe ser aprovechado como un tesoro precioso y usado de la mejor manera posible. "Enséñanos de tal modo a contar nuestros días, que traigamos al corazón sabiduría", nos dice el salmista (90:12).

El tiempo acarrea una responsabilidad. Es un recurso no renovable, de manera que debemos usarlo sabiamente. Algunos matan el tiempo, otros lo desperdician. El pueblo de Dios debe redimir el tiempo, usarlo en formas que producen frutos para la eternidad. El uso del tiempo es uno de los grandes reveladores de nuestro verdadero carácter, madurez y valores. Escuchamos muy frecuentemente la queja o excusa de "no tengo tiempo". Pero siempre encontramos tiempo para lo que es importante para nosotros. Aquellos que aman a Dios serán fieles en redimir el tiempo disponible para el servicio del Señor.

Fidelidad con los recursos materiales es otra señal del cristiano fiel. Jesús pregunta en Lucas 16:11: "Pues si en las riquezas injustas no fuisteis fieles, ¿quién os confiará lo verdadero?" Todo lo que poseemos viene de Dios, y cómo usamos dichos recursos da la medida de nuestro compromiso espiritual.

El dinero y las posesiones humanas son sólo herramientas para edificar, y Dios espera que usemos estos elementos materiales para ganar bendiciones eternas (Luc. 16:9). Cuando pensamos en la mayordomía, generalmente pensamos en el diezmo que debemos ofrendar a Dios. Pero la prueba de fuego es cómo usamos el otro 90 por ciento.

Fidelidad en las cosas pequeñas es también una evidencia de compromiso. Lucas 16:10 señala: "El que es fiel en lo muy poco, también en lo más es fiel; y el que en lo muy poco es injusto, también en lo más es injusto." Como reaccionamos en las crisis revela nuestro carácter. Cuando promete orar por alguien, ¿lo lleva a cabo? ¿Cumple sus otras promesas? ¿Realiza aquellas pequeñas tareas que pasan desapercibidas, aun cuando nadie, excepto Dios lo ve?

Nuestra fidelidad en las cosas pequeñas determina nuestra disposición para ser responsables en las más importantes. Dios nos prueba con las cosas pequeñas para ver si somos confiables. En la parábola de las minas (Luc. 19:11-27), el siervo que invirtió sus diez minas llegó a tener autoridad sobre diez ciudades. El siervo que no hizo nada, sino que escondió su mina para conservarla, perdió todo lo que tenía. ¡Sea siempre fiel en cada responsabilidad, porque nunca se sabe cuándo va a ser medido para otra posición más elevada!

Un día daremos cuentas a Dios de nuestras vidas. El Señor no prestará atención a nuestros prendedores de asistencia o trofeos. El evaluará nuestra fidelidad en nuestro compromiso con su iglesia, nuestro uso responsable del tiempo, nuestra mayordomía y nuestro servicio.